深刻理解当前经济工作中的重大问题

经济日报社　编

Shenke Lijie Dangqian Jingji
Gongzuo Zhong De Zhongda Wenti

人民出版社

出版说明

2023 年 2 月 16 日，习近平总书记以《当前经济工作的几个重大问题》为题发表重要署名文章。文章强调，2023 年经济工作千头万绪，需要从战略全局出发，抓主要矛盾，从改善社会心理预期、提振发展信心入手，抓住重大关键环节，纲举目张做好工作。文章指出，要着力扩大国内需求，要加快建设现代化产业体系，要切实落实"两个毫不动摇"，要更大力度吸引和利用外资，要有效防范化解重大经济金融风险。文章提出的一系列重要思想和观点，对于深入理解和把握当前我国经济发展的现状和未来方向具有重要意义。

做好经济工作是我们党治国理政的重大任务。今年以来，在以习近平同志为核心的党中央坚强领导下，我国疫情防控取得重大决定性胜利，宏观政策靠前协同发力，需求收缩、供给冲击、预期转弱三重压力得到缓解，经济运行实现良好开局。但同时，经济内生动力不强、需求不足的问题依然存在，经济转型升级面临新的阻力，推动高质量发展仍需要克服不少困难和挑战。深入领会习近平总书记对当前经济形势的深刻分析，弄清楚当前经济工作中的几个重大问题形成的国内外环境和客观原因，明晰这些重大问题的理论内涵，纠正围绕这些问题的一些错误认识，思考借鉴专家学者提出的对策建议，有助于更准确地认识和把握当前经济形势和经济发展任务，切实做好经济工作，推动中国经济高质量发展。为此，我们组织编写了《深刻理解当前经济工作中的重大问题》一书，梳理近年来经济日报刊发的国内知名学者和本报记者撰写的相关理论和评论文章，以专题汇编，希望为广大党员干部

1

提供有益的学习参考。

近年来，经济日报社积极履行中央党报、经济大报的职责和使命，紧紧围绕习近平总书记的重要讲话、重要指示批示精神和关心关注的重大经济问题，大力开展评论、理论和深度调研等工作，刊发了大量有分量的评论理论文章、高质量的调研报道，宣传新时代党的创新理论，解读党的经济政策，厘清国内国际经济形势，破解认识上存在的误区，宣传各地各行各业践行习近平经济思想的生动实践和亮丽成就，从而为党中央实施重大战略部署营造良好舆论氛围、促进全社会对我国经济发展形成良好预期发挥了积极作用。

2023年1月1日，值经济日报创刊40周年之际，习近平总书记致贺信，充分肯定了40年来经济日报围绕党和国家中心工作在宣传党的创新理论、解读经济政策、报道经济成就等方面发挥的重要作用，殷切希望经济日报深入学习贯彻党的二十大精神，坚持正确政治方向，创新经济报道理念和方式，加快构建全媒体传播体系，为推动中国经济高质量发展、讲好新时代中国经济发展故事作出新的更大贡献。习近平总书记的殷殷嘱托为经济日报社做好各项工作提供了根本遵循，为经济日报社的未来发展指明了方向，也使经济日报社广大职工深受鼓舞、倍感振奋。我们将牢记嘱托、踔厉奋发、砥砺前行，继续为中国经济高质量发展鼓与呼，为实现第二个百年奋斗目标、实现中华民族伟大复兴的中国梦提供强大精神力量和舆论支持。

经济日报社

2023 年 6 月

目　录

（一）着力扩大国内需求

把恢复和扩大消费摆在优先位置 3

深化新发展阶段扩大内需的认识 8

服务消费是扩大消费新引擎 13

顺应消费升级趋势　调结构促改革 17

立足新阶段深化对扩大内需战略的认识 22

以更深层次改革推动构建完整内需体系 27

以畅通国民经济循环为主　构建新发展格局 32

积极推进新型基础设施建设投资 38

把握新形势下扩大内需的新特点和发力点 43

谨防新的低水平重复建设和产能过剩 49

专项债券稳投资助发展 51

发挥好农村基建促投资作用 54

发挥好能源投资乘数效应 56

基础设施超前建设要把握好度 59

千方百计促进消费持续恢复 61

用足用好扩大有效投资关键一招 63

（二）加快建设现代化产业体系

如何认识现代化产业体系 ……………………………………………… 67

把握经济体系现代化的内涵和要求 ………………………………… 70

将战略性新兴产业打造成新引擎 …………………………………… 75

以实体经济为着力点建设现代化产业体系 ……………………… 80

在融合和重塑中推动实体经济创新发展 ………………………… 84

大力发展制造业和实体经济 ………………………………………… 88

推动先进制造业现代服务业深度融合 …………………………… 96

协同推进服务业开放与服务贸易 …………………………………… 101

把握现代服务业和先进制造业战略定位 ………………………… 105

优化制造业要素供给与配置 ………………………………………… 108

以数字化推动制造业重构竞争优势 ……………………………… 112

精准施策推动传统制造业高质量发展 …………………………… 117

加快从农业大国向农业强国迈进 …………………………………… 122

中国特色农业现代化道路及其世界意义 ………………………… 126

提升工业互联网创新链整体效能 …………………………………… 131

新发展阶段走好新型工业化之路 …………………………………… 136

创新驱动新兴产业高质量发展 ……………………………………… 141

倾力提升产业链供应链的安全性和竞争力 …………………… 146

加快打造智能制造升级版 …………………………………………… 151

以现代化产业体系重塑新优势 ……………………………………… 153

锻造高水平自立自强的"强韧筋骨" ……………………………… 155

（三）切实落实"两个毫不动摇"

构建高水平社会主义市场经济体制 ……………………………… 159

深化对社会主义基本经济制度的认识 …………………………… 165

坚持"两个毫不动摇" 扎实推动共同富裕 ·············· 169

着力提振民营经济发展信心 ·············· 174

加大对民营企业融资支持 ·············· 176

发挥政策效能支持民企发展 ·············· 178

更大力度激发民营经济活力 ·············· 180

为民企增资扩产创造有利条件 ·············· 182

资本市场服务民企空间广阔 ·············· 184

优化营商环境要立足简化程序 ·············· 186

小微融资服务"两手都要硬" ·············· 188

国有控股上市公司应强化正向激励 ·············· 191

着力提升国有企业原始创新能力 ·············· 193

架起中小微融资"信息金桥" ·············· 195

充分竞争才能激活市场 ·············· 197

（四）更大力度吸引和利用外资

以高水平开放稳住外贸外资基本盘 ·············· 201

吸引更多高质量外资 ·············· 206

外资对中国市场充满信心 ·············· 208

畅通"双循环"外资大有可为 ·············· 210

释放吸引外资的"强磁力" ·············· 212

制造业高水平开放将持续扩大 ·············· 214

外围纷扰不改中国市场投资价值 ·············· 216

RCEP巩固优化区域产业链供应链 ·············· 218

以高水平对外开放稳住外贸外资基本盘 ·············· 221

跨境结算要更好服务新业态 ·············· 223

（五）有效防范化解重大经济金融风险

正确认识和把握资本治理的战略要点 227

发挥好机构投资者"压舱石"作用 232

守住不发生系统性金融风险底线 234

依法监管各类金融活动 236

强化金融稳定保障体系 238

织密织牢金融安全网 240

依法规范和引导资本健康发展 242

筑牢银行金融资产风险堤坝 244

精准拆解影子银行风险 246

平台经济要适应常态化监管 248

提升小微企业汇率风险管理能力 250

稳杠杆　防风险　强大盘 252

全面提升资本治理效能 254

着力扩大国内需求

把恢复和扩大消费摆在优先位置

内需是我国经济发展的基本动力，消费是内需的重要组成部分。党的二十大报告提出，"着力扩大内需，增强消费对经济发展的基础性作用和投资对优化供给结构的关键作用"。中央经济工作会议要求，着力扩大国内需求，把恢复和扩大消费摆在优先位置。2022 年印发的《扩大内需战略规划纲要（2022—2035 年）》和《"十四五"扩大内需战略实施方案》，系统谋划了全面促进消费等一系列政策措施。这些安排部署既立足当前又着眼长远，为全面促进消费恢复和高质量增长提供了指引。

一、把握新趋势新特征

我国经济由高速增长阶段转向高质量发展阶段，人民对美好生活的向往总体上已经从"有没有"转向"好不好"。近年来，在多方面因素影响下，我国消费呈现出一系列新趋势新特征。

居民消费向发展型、品质型消费优化升级。虽然新冠疫情对消费形成冲击，导致居民消费结构短期出现波动，但总体上看，居民消费向发展型、品质型消费优化升级的趋势并未改变。恩格尔系数在短暂抬高后重回下降通道，服务性消费支出占比逐步提高，2021 年人均服务性消费支出占人均消费支出比重为 44.2%。升级类消费需求持续释放，在大宗商品消费和文化健康娱乐等服务消费领域，高品质、多样化、多元化消费需求特征都更加明显。

新型消费蓬勃发展，带动力日益增强。以网络购物、"互联网＋服务"、线上线下融合等新业态新模式为主要形式的新型消费持续增长，成为带动内需扩大的新动能。我国连续多年成为全球最大的网络零售市场。数据显示，截至 2022 年 6 月，我国互联网普及率达到 74.4%，网络购物用户规模占网民整体的 80%。2022 年全国网上零售额 13.79 万亿元，同比增长 4%。"互联网＋服务"等线上服务消费成为消费恢复性增长的新空间，云旅游、云看展等成为休闲娱乐消费新时尚。新型消费发展带来了新就业形态蓬勃发展，成为吸纳就业的重要渠道，牵引带动了新型基础设施、商贸流通设施网络、智能化升级改造等领域投资快速增长。

国货消费兴起，绿色消费呈普及化发展态势。消费者的国货品牌消费意识明显增强，中国制造、中国品牌和消费增长的协同水平持续提高。绿色消费理念推动绿色生活方式发展，吃穿住用行等领域分层次、多样性绿色消费需求正在逐步形成。绿色商品在二三线及以下城市市场销售增长较快，绿色消费下沉特征更趋明显。

促进消费高质量增长是经济高质量发展的题中应有之义。消费高质量增长不仅体现为规模上的扩大，而且更加突出消费质量的提升和可持续发展，强调具有更高的增长效率。有研究显示，到 2035 年，我国中等收入群体将显著扩大，规模将超过 7 亿人，这将有力推动消费扩容提质，支撑强大国内市场持续发展。

二、消费扩容提质尚存制约因素

从发展前景看，我国消费市场还将不断成长壮大，消费对经济增长的拉动力还将进一步增强。但同时也要看到，推动消费全面恢复和高质量增长，仍面临制约。

一方面，国内有效供给能力不足，对更好满足消费需求形成制约。近年来，国内产品和服务供给能力有了显著提升，但相对于人民日益增长的美好生活需要仍有一定差距，个性化、多样化消费需求难以得到有效满足。新兴服务和中高端产品供给还不能很好满足消费升级需求，这些使部分消费意愿难以转化为实际消费。供给体系尚未与需求体系形成高效匹配关系，这既有生产主体创新意识不足、响应需求不及时的原因，也有部分监管规范相对滞后、一些领域准入门槛较高等限制了新产品、新服务和新消费模式发展的原因，这些都需得到有效解决。

另一方面，消费安全性、及时性、便利性不足，对更好释放消费潜力形成制约。当前，消费品质量标准不完善、国内标准低于国际标准的情况仍然存在，特别是旅游、养老、家政等服务领域的标准体系需加快健全。产品和服务质量监督管理制度、市场秩序监管制度等还不完善。在消费者权益保护方面，维权难、难维权等问题在一些领域仍较突出。从生产到消费、供给到需求的"最先一公里""最后一公里"问题依然存在。这些导致消费的安全性、及时性和便利性难以得到有效满足，抑制了消费潜力释放和消费者福利提升。

此外，消费信心和消费意愿还需要一段时间恢复。前期受疫情影响，消费信心和消费意愿短期走弱。2022 年，消费者信心指数和消费意愿总体上在低位徘徊。随着疫情防控政策优化，各地发放消费券等一系列促消费举措落地，我国消费市场迎来"开门红"。关于 2023 年春节消费，有数据显示，1 月 21 日至 26 日，生活服务业日均消费规模同比 2019 年春节增长 66%，显示出消费信心开始回升。但客观地看，消费意愿重新达到较高水平仍然需要一个过程。

三、消费高质量增长是主攻方向

最终消费是经济增长的持久动力。全面促进消费高质量增长是扩大内需的重要内容，也是更好满足人民对美好生活向往的必然要求。面向未来，应从以下几个方面着力推动。

一是顺应消费升级趋势，统筹促进各领域消费提质。促进消费高质量增长，需根据不同领域消费的特点采取差异化措施。对吃穿住用行等传统消费，应以提升品质和促进可持续增长为重点，巩固其主体地位，及时调整优化政策；对文化、旅游、养老育幼、医疗健康、教育、体育和家政等服务消费，要以更好适应多层次、多样化需求为重点，扩大市场准入，深化改革，促进政策衔接；对新型消费，要以鼓励创新与拓展空间为重点，支持线上线下商品消费融合发展，促进共享经济发展，培育"互联网＋服务"新模式；对绿色低碳消费，要以发展绿色低碳消费市场、倡导节约集约绿色生活方式为重点，促进消费可持续发展。

二是提高供给质量，促进消费需求更好实现。有效供给能力的提升是消费需求得以实现的重要基础，需加快补齐产品和服务供给短板，着力提升国内有效供给能力。要加快健全产品和服务标准体系，促进提高供给质量，在建立健全全国统一的强制性国家标准体系、推进实施消费品国内外标准接轨工程等方面切实发力。要积极适应国货消费迅速发展的趋势，深入实施品牌发展战略，支持中国品牌更好发展，加快建设品牌强国。同时进一步健全鼓励发展新产品的相关制度和政策，有效发挥高质量供给引领和创造新需求的积极作用。

三是坚持以改革促发展，加快完善促进消费的体制机制。应以释放服务消费潜力为重点，建议对可以依靠市场充分竞争提升供给质量的服务消费领域，取消准入限制。要推进文教科卫体等领域事业单位改革，激发提供多层次、多样化服务的活力；建立健全适应消费新业态新模式发展特点的监管机制，促进新型消费健康可持续发展；着力营造安心放心舒心的消费环境，加强消费者权益保护，完善多元化消费维权机制，强化重点商品和服务领域价格监管；等等。

四是厚植消费发展潜力，健全促进居民消费能力持续提升的体制机制。居民消费能力的持续提升是增强消费发展后劲的基本保障。要按照扎实推动共同富裕的总体要求，缩小收入分配差距。坚持按劳分配为主体、多种分配方式并存，构建初次分配、再分配、第三次分配协调配套的制度体系。努力提高居民收入在国民收入分配中的比重，提高劳动报酬在初次分配中的比重，完善按要素分配政策制度。加大税收、社会保障、转移支付等的调节力度，规范收入分配秩序，规范财富积累机制，促进居民消费能力持续提升和消费需求持续升级。

（作者系中国宏观经济研究院对外经济研究所副所长、研究员王蕴；该文原载于 2023 年 2 月 15 日《经济日报》）

深化新发展阶段扩大内需的认识

进入新发展阶段，我国经济增长的内外部环境发生深刻复杂变化，必须把发展立足点放在国内，更多依靠国内市场驱动经济发展。以习近平同志为核心的党中央提出构建以国内大循环为主体、国内国际双循环相互促进的新发展格局，正是把握未来发展主动权的战略性布局和先手棋。

构建新发展格局，要坚持扩大内需这个战略基点，充分发挥强大国内市场优势，培育完整内需体系。有效扩大和更好满足国内需求，才能不断畅通国内大循环，与时俱进提升我国经济发展质量，才能有力推动国内国际双循环相互促进，构筑国际经济合作和竞争新优势。

一、扩大内需呈现新的阶段性特征

党的十九届五中全会提出，全面建成小康社会、实现第一个百年奋斗目标之后，我们要乘势而上开启全面建设社会主义现代化国家新征程、向第二个百年奋斗目标进军，这标志着我国进入了一个新发展阶段。在新发展阶段，我们要构建安全、可控、富有弹性和韧性的经济体系，必须充分利用和发挥市场资源这个优势，并且不断巩固和增强这个优势，释放内需潜力，加快培育完整内需体系，形成构建新发展格局的雄厚支撑。

随着我国社会主要矛盾变化，内需表现出不同以往的阶段性特征，发生了结构性变化，扩大内需的主要动力从投资需求转向消费需求特别是居民消费需求，扩大内需的侧重点也随之转变。

　　我们说要加快培育完整内需体系，就是既要发挥内需对支撑经济发展的重要作用，又要在增强创新引领和推动绿色发展的基础上，更好发挥内需对优化要素配置、带动经济发展的作用。具体来看，完整内需体系应该具备以下特征：一是全领域，就是要实现对投资和消费、商品和服务、区域和城乡的全覆盖，使各类内需成为相互统一、相互促进的大系统，有效畅通国内大循环；二是全周期，就是要遵循消费规律，针对消费者在生命周期中的不同阶段，科学研判不同消费群体的消费特点及趋势，培育、激活、壮大消费，提升消费对扩大内需的主导作用；三是全环节，就是要贯通生产、分配、流通、消费各环节，不断优化和畅通社会再生产过程，形成国民经济良性循环、消费与投资良性互动，提升经济体系整体运行效率；四是全要素，就是要健全各类生产要素由市场决定报酬的机制，突出创新引领，加大人力资本投入，完善资金和数据要素市场功能，增强新要素对扩大内需的支撑能力。

　　需要注意的是，在新发展阶段坚持扩大内需，既要"有效扩大"，又要"更好满足"，二者是相互协同促进的关系，也是相互递进增强的关系。

　　"有效扩大"更多体现在"量"的扩张上，"更好满足"更多体现在"质"的提升上。在新发展阶段，我们不仅要打破投资和消费的瓶颈、堵点，推动内需在量上实现有效扩张，而且要在内容、载体、手段、理念和匹配度上实现投资和消费的质的提升，有效解决发展不平衡不充分问题，更好满足人民日益增长的美好生活需要。

　　"有效扩大"更多面向目前被抑制的内需，"更好满足"更多面向创新发展催生出的新市场和新需求。要通过深化改革打通投资和消费领域存在的堵点、断点，充分释放被抑制的消费需求，同时要适应新的消费趋势与特征，引导投资方向，不断培育壮大消费新的增长点，使建设超大规模的国内市场成为一个可持续的历史过程。

　　"有效扩大"是手段途径，"更好满足"是最终目的。通过改善收入分配、完善社会政策、提高创新能力等，增强扩大内需的质量和效率。立足增强投资和消费的协同性，通过提升内需供给的质量和水平，形成投资和消费、供给和需求之间的动态优化适配机制，形成需求牵引供给、供给创造需求的更高水平动态平衡。

二、内需增长具有强劲动力和广阔空间

进入新发展阶段，更好扩大内需，关键在于增强消费对投资的牵引和拉动作用，依靠有效投资来满足并创造消费需求，实现消费和投资的良性互促。总的来看，我国内需增长具有强劲动力和广阔空间。

与主要发达经济体相比，我国消费升级具有很大潜力。预计到 2025 年，我国最终消费率将达到 60% 左右；"十四五"时期，消费对经济增长贡献率将稳定在 60% 以上；服务消费将成为居民消费的主要增量来源，预计未来十年年均增长 9%。尽管商品消费将逐渐从以增量扩张为主转向以存量结构调整为主，但满足置换升级需求的市场规模仍然很大。

同时，我国消费创新发展的动力十分强劲。人口年龄及家庭结构变化促使消费需求不断细分。预计到 2030 年，"银发经济"规模可达 20 万亿元；中等收入群体规模扩大将促进消费提质升级；城镇化高质量发展进一步拓展内需增长空间；数字技术的普及应用也将给消费创新发展提供源源不断的新动能。

在消费升级和创新发展的牵引下，相关的投资需求潜力将进一步释放。文化娱乐、医疗卫生、健康食品等满足服务消费和升级类商品消费的产业投资空间巨大；改善城市群和都市圈互联互通的交通基础设施、适应数字经济发展的新型基础设施、满足绿色发展要求的交通能源基础设施等投资需求旺盛；提升城乡居民教育、养老、托育需求的公共服务领域投资也将进入新的扩张期；在大型城市和都市圈，城镇老旧小区改造、租赁住房、改善性住房需求等领域依然具有投资潜力。

三、关键是建立扩大内需的有效制度

当前，有效扩大内需依然存在难点、堵点，面临体制机制等方面的障碍。

适应消费升级和创新发展要求的供需动态平衡尚未形成。突出表现在供给和需求、投资和消费、政府投资和民间投资的结构性矛盾依然突出，动态适配机制、协调分工格局尚未形成，使供给不能很好地匹配需求乃至创造需求。

流通对消费的促进作用未得到充分有效发挥。流通作为实现消费的前提条件、经济循环的关键环节、完整内需体系的重要组成部分，对有效扩大内需具有支撑作用。当前，我国流通领域的新业态新场景供给不足，培育打造城市消费载体的力度偏弱，农村流通体系尚不完善，区域流通体系发展还不平衡，这些都对扩大消费和引导投资有所限制。

支撑消费持续升级和国内市场提质扩容的能力偏弱。收入分配结构尚需优化，居民基础消费能力有待提升；城乡社会政策及社会保障制度还不完善，降低了城乡居民消费的意愿；中等收入群体比重偏低、结构不稳，不利于总体消费水平的提升，也难以发挥其对消费创新的引领功能。

有利于释放消费需求的市场环境有待完善。主要表现为监管能力有待提升，统一透明可预期的监管体系有待建立，高效快速专业的行业治理机制还不完善，支撑消费创新发展和投资有效跟进的政策体系需进一步优化，服务业也需进一步扩大开放等。

解决这些问题，关键是要建立起扩大内需的有效制度。

在思路上，需紧扣我国社会主要矛盾，适应新发展阶段和高质量发展的新要求，构建覆盖全领域、贯通全环节、统筹全周期和强化全要素的完整内需体系；适应消费结构升级和新科技革命发展新方向，构建以居民消费为主体的内需增长格局，增强消费对经济发展的基础性作用和投资对优化供给结构的关键性作用，为加快构建新发展格局，扎实推动全体人民共同富裕，提

供强大动力、筑牢基础。

在实践上，需着力增强消费和投资间的适配性、平衡性，形成需求牵引供给、供给创造需求的更高水平动态平衡。关键是遵循市场和消费的内在规律，顺应新发展阶段内需发展要求，面向加快构建新发展格局、实现"双碳"目标等重大战略任务，以科技创新、绿色发展等为关键点和主攻方向，壮大发展新动能，统筹增量与存量。

在政策上，需增强各部门、各领域、各层级政策的协调性，破除抑制现有消费和投资潜力充分释放的制度障碍，构建和完善适应未来消费创新发展新要求的制度支撑，统筹用好各类政策工具。

具体而言，一是加快补齐短板，促进消费创新发展，完善适应扩大内需要求的新型基础设施体系，进一步丰富新业态新模式新场景，发挥好数字化智能化技术的重要作用；二是加快改革步伐，夯实扩大内需的制度基础，进一步推进"放管服"改革，放宽市场准入，优化营商环境，加快构建和完善数据要素市场体系，发挥数据要素对创新发展的关键支撑作用，还要在规划、土地、财税、准入等方面探索形成扩大内需的有效政策体系；三是扩大制度型开放，推动国内国际双循环相互促进，进一步加快社会服务领域的对外开放步伐，扩大优质特色商品进口，进一步丰富国内供给，推动国内国外投资、消费和贸易的一体化、联动化发展；四是优化社会政策，提升居民消费保障能力和水平，提升就业质量和增加劳动者收入，增加居民财产性收入比重，完善相关税收制度，促进完善多层次的社会保障体系；五是积极探索绿色消费制度，增加对绿色产品服务消费的补贴和个税抵扣等激励，探索建立覆盖生产及消费的碳市场、碳账户，引导形成绿色健康消费风尚。

（作者系国务院发展研究中心市场经济研究所王微、王青；该文原载于2022年2月9日《经济日报》）

服务消费是扩大消费新引擎

消费是最终需求，既是生产的最终目的和动力，也是人民对美好生活需要的直接体现。习近平总书记指出，要建立起扩大内需的有效制度，释放内需潜力，加快培育完整内需体系，加强需求侧管理，扩大居民消费，提升消费层次，使建设超大规模的国内市场成为一个可持续的历史过程。2022年以来，我国高效统筹疫情防控和经济社会发展，加大宏观政策调节力度，有效实施稳经济一揽子政策措施，顶住了超预期突发因素带来的经济下行压力。但也要看到，我国经济恢复的基础仍不稳固，需求不足的矛盾仍然突出，消费需求恢复仍然乏力。要增强消费对经济恢复的基础性作用，必须顺应消费结构升级新趋势，发挥服务消费对扩大消费的牵引带动作用。

一、我国服务消费发展呈现三大趋势

服务消费是释放消费潜力的重要力量。伴随居民收入增长和中等收入群体规模扩大，我国消费结构加快升级，居民消费服务化趋势加快发展，成为扩大内需的重要动力。近年来，通信服务、大众餐饮、文化娱乐、休闲旅游、教育培训、健康养生等正在成为消费新热点。2019年我国人均服务性消费支出接近1万元，占居民人均消费支出的比重达到45.9%，消费结构加快从实物消费主导向服务消费主导转换。从国际经验看，主要发达国家服务消费占最终消费的比重平均在74%左右。2021年我国人均国内生产总值已达1.25万美元，服务消费占比提升将是大势所趋。

与发达国家服务消费发展所处阶段不同，我国服务消费加快发展正处在新一轮科技革命和产业变革深入发展时期，处在新时代新阶段居民追求高品质生活时期，处在人口结构变化和消费主体年轻化时期，呈现出一系列新特征。

第一，服务消费发展与数字经济迅速崛起交汇，呈现加快数字化趋势。大数据、5G、人工智能等新一代数字技术向服务消费领域迅速渗透，加速服务业线上线下融合，丰富服务消费场景，改善服务消费体验，推动服务消费变革，促进服务供给与服务消费需求更有效匹配，为服务消费新业态新模式发展提供了强劲动力。

第二，服务消费发展与居民追求高品质生活交汇，呈现加快高端化趋势。居民对服务质量和品质的需求日益提升，推动服务消费从注重量的满足向追求质的提升加快转变。如在旅游业中，假期四星级、五星级酒店订单量占比均有所提升，游客高端消费的意愿和能力进一步增强。

第三，服务消费发展与人口年龄结构变化交汇，呈现消费主体年轻化趋势。服务消费的特征很大程度上取决于消费群体的特质，随着消费群体的年轻化，以90后、00后为主体的新一代消费群体追求时尚和品牌，乐于尝试新鲜事物，个性化消费加快兴起，促进服务消费细分和多元化消费市场发展。

总之，我国服务消费转型升级的新趋势，推动服务市场焕发出新的生机与活力，促进服务消费的模式创新与供给的迭代升级。

二、数字化转型推动服务消费深刻变革

服务消费数字化转型对释放消费潜力具有重要意义。数字化解决了供需信息不对称问题，供需两端通过互联网平台实现供需信息快捷搜索和撮合，释放潜在消费潜能；数字化实现了供需时空匹配，引导不同人群错峰和错时消费，大幅提升服务能力和服务效率；数字化更好满足了客户需求，通过为客户提供更多定制化服务，进一步提升客户满意度。随着数字技术向服务领域广泛渗透，我国服务消费数字化呈现两大新趋势。

第一，服务消费数字化从单点突破向全链条覆盖，孕育新的商业模式。在企业层面，数字技术正在从客户引流、在线订单、售后服务等前端环节，向供应链管理、人员管理、运营决策等后端环节渗透，打通前后端数据增强联动效应，推动企业管理效能提升。在行业层面，数字技术正沿着产业链向上下游行业延伸，推动企业在物料采购、物流、加工、零售、配送和融资服务等全业务流程上数字化，通过数据整合实现资源配置效率提升，形成服务消费数字化生态。比如，随着无人机配送、北斗导航、5G 云端智能机器人等技术发展，零售环节包括生鲜食品等将实现即时点对点的供给，拓展电商直供、无人零售等新业态发展空间。再如，物料供给的整合力度加大，无缝对接趋势加快，供应链智能化水平不断提升，将带动供应体系的协同效率大幅提升。以餐饮行业为例，智慧餐厅的建设进一步推动智慧农业实现农产品溯源、智慧物流提升采购配送效率、金融科技提升中小企业融资便捷性等，进一步推动了服务消费高质量发展。

第二，服务消费数字化从需求端向供给端扩展，推动上下游全链条数字化。随着用户对质量、效率等服务体验要求的提升，需求端数字化将倒逼供给端加快数字化转型，推动发展重心由消费互联网向产业互联网转移。与此同时，随着数字技术应用成本降低、第三方服务供给主体的增加以及更多成功案例的出现，供给端主动推进数字化转型的意愿不断增强。如果说，过去一个时期，我国消费互联网迅速崛起，形成了一批在全球位居前列的平台企业，可以预期，今后一个时期供给端的产业互联网发展也将孕育一批大型平台企业。

三、加快实现服务消费扩容提质

加快服务消费扩容提质不仅是扩大内需的重要途径，也将为消费结构升级和经济高质量发展注入新动力。今后一个时期，要在供给、需求和制度层面发力，鼓励服务消费新模式新业态发展，助力消费结构升级。

一是挖掘服务消费市场潜力。扩大中等收入群体，发挥中等收入群体引领服务消费升级的中坚作用，使其成为教育医疗、休闲旅游等中高端服务消费主力军。坚持"房子是用来住的、不是用来炒的"定位，加快建立多主体供给、多渠道保障、租购并举的住房制度，稳妥实施房地产长效机制，稳地价、稳房价、稳预期，促进房地产市场平稳健康发展，降低对消费的挤出效应。完善节假日制度，落实带薪休假制度，鼓励节假日消费和夜间经济发展。支持消费中心城市建设，培育国际消费中心城市。

二是推进服务消费供给侧结构性改革。进一步放开服务业市场准入，鼓励社会资本参与发展服务业。进一步扩大服务业开放，推动国内服务业深化改革和提高效率。健全服务业标准体系，推进国内标准与国际标准对标，提升服务消费质量。加快实现线上和线下服务消费的深度融合，培育网上零售、在线教育、智慧旅游、互联网医疗等消费新模式新业态。完善消费者权益保护体系，创新监管方式方法，营造安心的消费环境。

三是深化服务消费数字化转型。鼓励不同细分行业数字化转型，不断拓展领域和范围。加快服务企业"上云用数赋智"，通过税收抵扣和财政补贴等方式，精准解决中小企业资金短缺难题。推广 SaaS 等系统在中小服务企业的普及使用，让更多企业加入数字化转型进程。发挥服务消费平台的数据和科技等优势，构建"互联网 +"服务消费生态。加强职业技能培训，提高服务消费从业人员数字化技能，提升服务企业数字化转型能力。

四是加大政府公共服务支出。从国际经验看，在人均 GDP 从 10000 美元到 25000 美元这个区间，各国政府支出比重的提高最为显著，这个时期往往是服务消费发展的加速期。今后一个时期，我国经济发展正处在这个阶段，要逐步加大政府对教育、医疗、住房、社会保障等领域的支出，提高基本公共服务水平和均等化程度，进一步提升居民服务消费能力，拓展服务消费发展空间。

（作者系中国国际经济交流中心副理事长王一鸣；该文原载于 2022 年 9 月 11 日《经济日报》）

顺应消费升级趋势　调结构促改革

拥有 14 亿多人口、人均国内生产总值突破 1 万美元，中国成为全球最大、最有潜力的消费市场，这既是改革开放 40 多年的突出成就，也是推动经济高质量发展的突出优势。近年来，随着城乡居民消费水平不断提升，消费结构升级不断加快，消费规模快速扩张，我国开始进入消费新时代。适应发展趋势，全面促进消费、释放消费结构升级蕴藏的巨大市场潜力，不仅是"加快构建以国内大循环为主体、国内国际双循环相互促进的新发展格局"的重大任务，而且是塑造参与国际合作和竞争新优势的关键所在；不仅将形成我国高质量发展的重要动力，也将在内外市场联通中促进世界经济复苏和增长。

一、我国进入消费新时代

我国进入消费新时代的一个突出特征就是城乡居民对教育、医疗、养老、文化、信息、旅游等服务型消费需求全面快速提升，这不仅是人民对美好生活向往和追求的重要内容，也是我国走向高质量发展的重要标志。2013—2019 年，我国人均服务型消费年均增长 11.1%，高于同期人均消费支出整体增速 3 个百分点左右；服务型消费占消费支出的比重由 39.7%上升至 45.9%。

受新冠疫情冲击，2020 年我国服务型消费占比有所下降。但综合各方情况看，疫情不会改变服务型消费中长期增长的态势。比如，2020 年，我国"互联网＋问诊"、健康大数据与云计算等加速了医疗健康需求的快速增长；预计到 2025 年，城乡居民服务型消费占比将由 2019 年的 45.9%提升到52%左右，开始进入服务型消费社会。

二、消费结构升级带动产业结构变革

服务型消费的全面快速增长，不仅将促进消费规模的快速扩大，而且将拓展投资空间、优化投资结构、提高投资效率。2021 年第一季度，我国服务业完成固定资产投资同比增长 24.1%，两年平均增长 4.0%；服务业实际使用外资 2377.9 亿元，同比增长 51.5%，占全国实际使用外资的近八成。其中，电信、教育、医疗健康等与服务型消费相关领域的投资均有明显增长。

消费结构升级助推现代服务业发展。一方面，我国进入工业化后期，服务业加快发展是一个大趋势，由此带动服务型消费潜力较快释放；另一方面，居民服务型消费需求全面较快增长，又倒逼服务业发展进程。2013—2020 年，我国服务业增加值占 GDP 的比重由 46.9%提升至 54.5%，提高了近 8 个百分点。特别是新冠疫情冲击下，线上消费带动相关服务业数字化转型态势进一步明显。2020 年 1—11 月，我国规模以上互联网和相关服务、软件和信息技术服务业企业营业收入同比分别增长 20.7%和 15.7%，增速分别快于规模以上服务业企业 19.1 个和 14.1 个百分点。

绿色消费促进绿色产业发展。当前，我国消费者不仅愿意购买高品质的绿色产品，同时也关注生产方式对生态环境的影响，节能家电、节水器具、有机产品、绿色建材等产品快速进入寻常百姓家。《中国公众绿色消费现状调查研究报告（2019 版）》显示，绿色消费的概念在公众日常消费理念中越来越普及，83.34%的受访者表示支持绿色消费行为。新能源汽车消费成为绿色消费的亮点之一。未来，我国居民绿色消费潜力的快速释放，将为传统产业绿色低碳转型及生态环保技术产业化发展提供重要动力，并为我国实现碳达峰、碳中和目标打下重要基础。

三、消费结构升级助力科技创新进程

14 亿多人的消费大市场为科技创新提供了巨大的应用市场。当今世界，最稀缺的资源是市场。同时，市场资源是我国的巨大优势。电子商务、人工智能、金融科技、软件服务、共享经济、健康科技、大数据、教育科技、传媒娱乐、生物科技成为我国独角兽企业分布最为广泛的几大领域。究其深层次原因，就在于我国拥有全球最大最有潜力的创新应用大市场。截至 2020 年 12 月，我国网民规模达 9.89 亿人，较 2020 年 3 月增长 8540 万人，互联网普及率达 70.4%。

从潜力看，消费结构升级仍蕴藏着巨大的创新应用空间。比如，2020 年我国服务业数字经济渗透率为 40.7%，生活性服务业数字经济渗透率明显偏低，仅为 20% 左右。估计到 2025 年，我国智慧医疗行业投资规模将达到 2100 亿元左右，车联网行业规模将接近万亿元。更重要的是，预计 2023 年以后，5G 技术将进入大规模商用阶段，我国超大规模的数字技术应用大市场的优势更加突出。服务型消费大市场和新一轮科技革命的交汇融合，不仅将为我国制造业智能化转型提供重要条件，也将明显提升我国对全球创新要素的吸引力，以此增强我国中长期创新发展能力。

四、消费结构升级形成经济增长重要动力

消费在拉动经济增长中的作用突出，是新发展阶段经济增长的重要特征。从实际看，消费拉动经济增长不仅是大国经济的一般特征，更是近年来我国经济增长的实际体现。2014—2019 年，消费连续 6 年成为拉动我国经济增长的第一动力。2020 年，尽管受到新冠疫情的冲击，但最终消费支出占 GDP 的比重仍然达到 54.3%，高于资本形成总额 11.2 个百分点，为近年

来的最高水平。

从潜力看，我国最终消费支出对经济增长的贡献率仍有 10 个百分点左右的提升空间。2019 年，我国最终消费支出对经济增长的贡献率为 57.8%。用好大国经济纵深广阔的优势，使规模效应和集聚效应充分发挥，最终消费支出对经济增长的贡献率将达到 70% 左右。也就是说，未来 5—10 年我国最终消费支出对经济增长的贡献率仍有 10—15 个百分点的提升空间。这一潜力的释放将支撑我国经济中长期可持续增长。

同时，拥有 14 亿多人口的全球最大最具有潜力的消费市场，是世界的市场、共享的市场、大家的市场。我国消费市场的扩大和开放，有利于世界各国共享中国市场机遇，有利于世界经济复苏和增长，也有利于中国为世界提供更多优质消费品。预计未来 10 年，我国累计商品进口额有望超过 22 万亿美元；在更多商品与服务领域成为全球最大进口国；我国对全球经济增长的贡献率有望保持在 25%—30%，仍是拉动全球经济增长的"主引擎"，并在推动全球自由贸易进程与世界经贸格局调整中产生积极影响。

五、深化改革　加快完善供给体系

形成 14 亿多人消费潜力释放、消费结构升级的长效机制，涉及经济领域重大关系的再平衡，涉及社会结构的深刻变化，涉及重大利益关系的调整。一方面，要以制度型开放推进服务业市场化改革，实质性打破服务业领域的市场垄断与行政垄断，强化服务业领域竞争政策基础性地位，加快推进服务业领域的规则、规制、标准等与国际对接融合，降低服务贸易边境内壁垒，以此形成与消费结构升级相适应的供给体系。另一方面，在坚持以供给侧结构性改革为主线的进程中，要重视需求侧管理。要以扩大中等收入群体为重点调整利益关系，力争在 10—15 年时间实现中等收入群体倍增。要适当增加公共消费，改善居民消费预期，并明显优化服务型消费环境。要推动城乡基本公共服务制度统一，破解城乡土地、人员等要素流动的体制机制障碍，有效释放农村消费大市场潜力。

[作者系中国（海南）改革发展研究院院长迟福林；该文原载于2021年5月14日《经济日报》]

立足新阶段深化对扩大内需战略的认识

坚持扩大内需战略，是在新发展阶段党中央作出的重大科学判断和战略部署。党的十九届五中全会和中央经济工作会议都把"坚持扩大内需"提到了"战略基点"的高度。我们要准确理解扩大内需战略的时代背景和深刻含义，坚持以供给侧结构性改革为主线，提高供给质量和水平，同时高度重视需求侧管理，努力形成需求牵引供给、供给创造需求的更高水平动态平衡；始终把扩大内需战略同深化供给侧结构性改革有机结合起来，发挥消费的基础性作用，全面促进消费，扩大消费需求，带动经济提质增效。

一、新发展阶段要把扩大内需置于战略基点

内需在我国经济发展中具有重要地位，进入新发展阶段，扩大内需成为我国经济发展的战略基点。

第一，扩大内需是发挥我国超大规模经济体优势、提升经济发展自主性的重大战略方针。随着我国经济发展方式深刻变革和动能转换，党中央高度重视扩大内需作用，将其纳入国家经济发展的战略方针。党的十九届五中全会提出"坚持扩大内需这个战略基点"，是对以往"坚定实施扩大内需战略"的提升；中央经济工作会议更是明确，"坚持扩大内需这个战略基点"是 2021 年深化改革增强发展内生动力的重点任务之一。这是应对错综复杂的国际环境变化、发挥我国超大规模经济体优势的内在要求，是适应我国经济发展阶段变化，提升经济发展韧性、自主性、可持续性的重大战略部署。

第二，扩大内需战略的关键点是要深化供给侧结构性改革，改善供给质量。实施扩大内需战略要在供给和需求两端发力，双管齐下，不能仅仅围绕着需求来谈需求。虽然在经济发展不同阶段供给与需求的作用各不相同，但总的来看，在市场经济条件下，供给能力和供给水平决定了需求的满足程度和发展水平。当前我国经济发展中供需矛盾的主要方面仍然是供给侧，在于供给产品、供给质量和服务不能有效地满足人民群众日益增长的、不断升级的美好生活新需求，为此，还要不断推动供给侧结构性改革的递进深化。

第三，扩大内需战略要高度重视需求侧管理。供给制约需求，需求也会通过市场信号、市场机制等发挥对供给侧的牵引作用。我们强调的注重需求侧管理，绝不等同于凯恩斯主义"扩大有效需求"主张，不是一味地刺激需求、盲目扩大需求，更不能搞急转弯，而是采取加强需求侧管理办法引导需求，通过制度改革、科技创新、释放政策红利等具体措施创造新的需求、优化需求结构、提升需求实现的效能。

第四，扩大内需战略需要不断调整供需关系，实现供需动态平衡。坚持高质量发展要求，就要不断调整供需关系，保持高水平的供需动态平衡。这是构建以国内大循环为主体、国内国际双循环相互促进的新发展格局的需要，也是扩大内需战略所追求的目标。无论国内循环还是国际循环，都需要打通生产、分配、交换、消费的各个环节。特别是如何构建国内国际双循环，对我们而言还是一个新的课题，关键点就是要打通阻碍这种循环的堵点。扩大内需，则在打通双循环、沟通产供销、畅通上下游过程中起着重要的作用。

二、新发展阶段扩大内需战略的重要意义

新发展阶段实施扩大内需战略，对巩固我国超大市场规模优势、抵御外部环境不确定性风险、增强我国经济发展韧性等具有重要的意义。

第一，有利于形成强大国内市场。我国有 4 亿多中等收入群体，形成了

世界上超大规模的内需市场。14亿多人口不断提升的消费能力和潜力，也是任何国家难以比拟的。这种超大规模的内需市场是实施扩大内需战略的重要条件和基础，也是抵御外部环境不确定性风险的重要保障。虽然2020年前11个月，受疫情影响我国社会消费品零售总额同比有所下降，但从第三季度开始，我国内需消费增长恢复较快。随着疫情防控形势的进一步好转，我国内需消费市场有望率先走出低谷、恢复常态。我国超大规模和需求不断提升的国内市场将为世界各国提供广泛的投资、贸易和出口机会，将为世界经济恢复性增长贡献中国力量。

第二，有利于发挥消费的经济增长主动力作用。这些年来，我国消费支出贡献率在逐年提高，特别是2019年提升到57.8%，高于资本形成总额26.6个百分点。但与世界发达国家相比，消费的贡献率还有较大的提升空间。实施扩大内需战略和进行需求侧管理，将能进一步增强消费对我国经济增长的引领和拉动作用。

第三，有利于增强我国经济发展的韧性。我国发展的外部环境面临深刻复杂变化，必须统筹发展和安全。作为有着14亿多人口的发展中大国，不仅要把饭碗端在自己的手里，也要把经济发展的主动权掌握在自己手里。坚持扩大内需战略，是把握经济发展主动权的重要举措，对于统筹国内国际两个市场、两种资源，统筹发展和安全，努力构建新发展格局具有重要的意义。

三、进一步明确扩大内需战略的实施路径

贯彻落实中央部署，就要明确扩大内需战略的主要路径，在促进就业、全面促进消费、拓展投资空间等方面进行有效制度安排。

第一，促进就业，扩大中等收入群体。中央经济工作会议指出，扩大消费最根本的是促进就业，完善社保，优化收入分配结构，扩大中等收入群体。就业是"六稳""六保"之首，是民生保障之本，也是扩大内需、恢复

增长的关键所在。就业问题是实施扩大内需战略首先要面对的问题。一是要扩大就业容量，提升就业质量。当前我国失业率基本保持稳定，但就业结构性矛盾比较突出，由于劳动力结构与经济结构、劳动技能与岗位需求不匹配等原因，导致部分地区、部分行业、部分群体就业压力较大，因此实现高质量和更加充分就业需要着力破解就业结构性矛盾。二是要改善收入分配格局，提高低收入群体收入，扩大中等收入群体。目前我国收入分配格局不够合理，中低收入群体占人口比例仍然较大，解决低收入群体收入问题，仍然要靠扩大就业、充分就业来解决。同时还要完善再分配机制，通过税收、转移支付等调节和改善收入分配体系，形成中等收入群体为主的橄榄型收入分配结构。

第二，全面促进消费。增强消费对经济发展的基础性作用，积极发展和推出适应现代生活需求的消费项目，满足消费升级要求。一是要扩大服务性消费。服务性消费主要指满足人们精神文化需求方面的消费，一般指交通通信、教育文化娱乐和医疗保健等类型的消费。扩大服务性消费是与我国消费结构由生存型向发展型、享受型转型升级相适应的，也是人民群众对美好生活的向往和追求。2019年我国人均服务性消费支出为9886元，仅占消费比重的45.9%，远低于发达国家服务性消费水平。要把扩大消费同改善人民生活品质结合起来。二是要增加公共消费。主要是提高科学、文化教育、卫生保健、环境保护、城市公用事业和各种生活服务等方面的消费支出，提高教育、医疗、养老、育幼等公共服务支出效率。扩大公共消费支出，不仅可以直接或间接提升消费率，还可以带动居民个人消费。三是要培育新型消费。发展无接触交易服务，促进线上线下消费融合发展。要总结和推广抗疫过程中形成的无接触交易服务方式，积极推进在线教育、远程医疗服务、在线会展、直播带货等新型消费服务，扩大消费新增长点。四是要拓展城乡消费市场。发展快递配送服务业，建设配套服务网点，提高配送服务能力，促进工业品下乡和农产品进城双向流通。在乡村振兴和新型城镇化过程中，着力提升农村地区消费水平。

第三，拓展投资空间，扩大投资需求。扩大投资需求是坚持扩大内需战略的重要内容，是提高供给质量进而创造需求、改善需求的重要手段。党的十九届五中全会强调，"优化投资结构，保持投资合理增长，发挥投资对优化供给结构的关键作用"。我国正处于新型工业化、信息化、城镇化、农业现代化快速发展阶段，应充分利用好、发挥好潜力巨大的投资需求作用。一是加强新基建投资。培育壮大疫情防控中催生的新业态新模式，准确把握数字化、智能化、绿色化、融合化发展趋势，加快推进新型基础设施建设。二是投资数字经济发展领域。聚焦人工智能、5G、物联网、大数据、区块链、生命科学等新技术领域，推动数字经济产业化和传统产业数字化，以数字化赋能提升内循环发展水平。三是以应用为牵引，推动前沿科技应用场景投资建设。丰富应用场景，推动智慧城市、智慧医疗、智能交通、智能装备制造等产业提升发展水平，夯实内需基础。四是加强医疗、教育、养老等民生领域"补短板"投资，提升社会保障水平，消除居民消费后顾之忧。

实施扩大内需战略，绝不是回到自我封闭的老路。进入新发展阶段，坚持扩大内需战略，要不断推进全面深化改革，破除体制机制各种障碍，同时坚持扩大开放，建设更高水平开放型经济新体制，促进国内国际市场相互联通，依托国内强大市场吸引全球商品和资源要素，打造我国新的国际合作和竞争优势，努力创造经济增长内需和外需、消费需求和投资需求协调拉动的良好局面。

（作者系北京市习近平新时代中国特色社会主义思想研究中心特约研究员李忠杰、杨松；该文原载于 2021 年 1 月 8 日《经济日报》）

以更深层次改革推动构建完整内需体系

习近平总书记提出的加快形成新发展格局这一重大战略决策，具有极其重大的战略意义。这是顺应世界正经历百年未有之大变局、服务于中华民族伟大复兴的战略全局，根据我国发展阶段、环境、条件变化作出的战略决策，是事关全局的系统性深层次变革。从"十四五"时期及更长远未来发展趋势看，加快形成新发展格局的关键在于如何畅通国民经济循环。其着力点就在于以更深层次改革，推动构建中国完整的内需体系。

一、新发展格局充分反映现代经济活动的本质要求和发展趋势

第一，新发展格局强调的是经济循环，具有系统性和动态性，更能反映经济活动的本质。无论是从生产、分配、交换、消费各个经济环节看，还是从要素及产品市场的供给—需求经济分析框架看，经济活动都不是孤立存在的，而是一个动态的、周而复始的过程，是一个基于价值增值的信息、资金和商品（含服务）在居民、企业和政府等不同主体之间的流动循环。为此，新发展格局提出的是一个在社会分工基础上的系统动态协同战略。

第二，新发展格局强调"以国内大循环为主体"，并不意味着对参与国际大循环的否定。这不仅仅是因为新发展格局必然要求国内国际双循环相互促进，更因为当前国内经济循环还存在诸多堵点、淤点，亟待通过畅通双循环推动经济高质量发展。单从数量看，我国进出口贸易依存度已经从 2006

年的峰值 64% 降低到 2019 年的 32% 左右，这在一定程度上似乎说明中国已经是国内大循环为主体、国内国际双循环相互促进的发展格局了。但是，这显然不是中央所要求的"新发展格局"。实际上，"新发展格局"的战略意义在于把发展的立足点更多地放到国内来，通过畅通国内大循环为中国经济发展提质增效、培育新动能，从而主动加速国际大循环、带动世界经济复苏，最终形成以国内大循环为主体、国内国际双循环相互促进的新发展格局。

第三，形成"以国内大循环为主体"的新发展格局，必须坚持扩大内需战略。但是，站在新的起点上，对扩大内需的政策内涵不能仅仅理解为"扩大总需求"；如果仅仅理解为"扩大总需求"，那么就意味着这个"格局"并不"新"。回顾 2006 年的"十一五"发展规划，就强调立足扩大国内需求推动经济发展，把扩大国内需求特别是消费需求作为基本立足点。今天，我们要以扩大内需推动形成新发展格局，其政策内涵一定包括深化供给侧结构性改革。2018 年 12 月召开的中央经济工作会议，提出了供给侧结构性改革"巩固、增强、提升、畅通"的八字方针，其中"畅通"就是要求畅通国民经济循环，加快建设统一开放、竞争有序的现代市场体系、提高金融体系服务实体经济能力，形成国内市场和生产主体、经济增长和就业扩大、金融和实体经济良性循环。在这个意义上，通过畅通国民经济循环形成"新发展格局"，其政策内涵包括了供给侧结构性改革的深化，使生产、分配、流通、消费更多地依托国内市场，提升供给体系对国内需求的适配性，形成需求牵引供给、供给创造需求的更高水平动态平衡。

二、完善内需体系，畅通国民经济循环

具体而言，应该从构建现代市场体系、现代产业体系、收入分配体系和新型消费体系几个方面改革入手完善内需体系、畅通国民经济循环。

第一，加快完善社会主义市场经济体制，深入推进要素市场化改革，加快构建统一开放、竞争有序的现代市场体系。

经济循环畅通与否，最为关键的因素是市场体系的健全程度与运行效率。在现代社会复杂分工体系下，频繁的市场交易活动构成了产品、资金、劳动力、土地、技术、数据等在各个经济主体之间不停地循环流动。市场主体数量和类型、市场进入与退出障碍、政府与市场的关系、市场主体参与市场竞争的规则、政府规制与反垄断法等，都会影响市场效率，进而决定了整体经济循环是否畅通。

统一开放、竞争有序，是现代市场体系的基本要求，也是经济循环畅通的根本保证。当前，我国建设现代化市场体系、完善社会主义市场经济体制，就要围绕公平竞争建立市场体系高效运行的基础规则，保证市场主体之间公平竞争，充分发挥竞争政策的基础性作用。一是坚持"两个毫不动摇"，营造各类所有制主体依法平等使用资源要素、公开公平参与竞争，同等受法律保护的市场环境。二是正确处理产业政策与竞争政策关系，积极推进产业政策转型，充分发挥竞争政策的基础性作用，落实公平竞争审查制度，加强和改进反垄断和反不正当竞争执法。三是通过更大范围、更高水平的市场开放，加强知识产权保护、强化竞争政策等，努力营造国际一流营商环境，使国外更加依赖中国的产品消费市场和要素供给市场。四是积极探索生产要素市场化配置的体制机制，实现要素价格市场决定、流动自主有序和配置高效公平。五是加快建设现代流通体系，完善国内统一大市场，形成商品和资源有效集散、高效配置、价值增值统一开放的交通运输市场，统筹推进现代流通体系硬件和软件建设，发展流通新技术新业态新模式，实现分工深化、交易扩大、供需互促、产销并进、效率提升的经济良性循环。

第二，加快完善科技和产业创新体制机制，提高金融服务实体经济能力和高质量实体经济供给能力，加快建设创新引领、协同发展的现代产业体系。

从产业体系角度看，一个突出问题是实体经济产业与虚拟经济产业发展不平衡，经济"脱实向虚"趋势明显，金融业和实体经济产业之间资金循环仍存在堵点和淤点；从产业链角度看，我国高技术产业链和高附加值产业环节占有不足，产业基础能力和产业链现代化水平亟待提升，在"工业四基"

上存在着大量"卡脖子"问题，极大地影响了产业链供应链的安全性稳定性。

针对上述制约问题，需要通过深化科技和产业创新体制机制改革，加快建设实体经济、科技创新、现代金融、人力资源协同发展的现代产业体系。一是深化科技和教育体制改革，高度重视基础研究、共性技术、前瞻技术和战略性技术的研究，形成从基础研究到应用研究完整的创新体系，努力修补创新链，弥补技术研发与产业化之间的创新链缺失，提高科技成果转化率。二是深化产业创新体制改革，建立产业基础能力评估制度，分析创新链、供应链、产业链和价值链分布，在生产制造层面围绕"工业四基"集成要素、优化流程、培育人才，完善试验验证、计量、标准、检验检测、认证、信息服务等基础服务体系。构建开放协同产业创新网络，有效发挥中小企业在提升工业基础能力和产业链水平的作用。三是深化金融供给侧结构性改革，强化支付结算等金融基础设施建设，提供更多直达各流通环节经营主体的金融产品。四是把握智能化、高级化、绿色化和服务化的产业转型升级方向，加快推进新型工业化和新型城镇化进程，加快新型基础设施建设。

第三，坚持和完善社会主义收入分配制度，切实提高居民收入水平，建立和完善体现效率、促进公平的收入分配体系。

居民收入水平直接决定了居民消费能力，进而影响国家的内需消费潜力。如何合理调节城乡、区域和不同群体之间的收入水平，增加低收入者收入，扩大中等收入群体，调节不合理过高收入，都是深化收入分配制度改革的重要任务，也是完善内需体系、畅通我国经济循环在收入分配领域的重要要求。

"按劳分配为主体、多种分配方式并存"是社会主义基本经济制度的重要内容之一，需要在深化收入分配制度改革中坚持和不断完善。一是正确处理国家、企业和个人之间的关系，保证居民可支配收入增速与经济增长基本同步。二是坚持就业优先的政策导向，积极拓展就业渠道，鼓励创新创业，切实提高居民就业水平和质量，做好"稳就业"各项工作。三是积极拓展居民投资理财渠道，健全通过劳动力、资本、土地、技术等生产要素获取报酬的市场化机制。四是继续推进减税降费，尤其是在不明显减少稳定宏观税负的基础上继续推进结构性减税降费，加大对居民收入的减税、退税力度，适度提升个税起征点和最低工资水平。五是健全以税收、社会保障、转移支付等为主要手段的再分配机制，大幅提高基本公共服务水平和均等化水平。

第四，加快完善促进消费的体制机制，挖掘国内消费潜力，在新型城镇化中加快消费转型升级、塑造新型消费体系。

国民经济循环中的最后环节体现在消费上，人民日益增长的美好生活需要最为直接的体现也是居民消费。消费体系无疑对扩大内需、畅通国民经济循环具有最终牵引效应。我国正处于工业化后期和城镇化中期阶段，居民消费快速转型升级。2020 年新冠疫情冲击使得居民消费受到了巨大的影响，但是线上线下融合趋势加强，数字化消费迅速扩张。然而，长期以来制约消费体系转型升级的体制机制问题一直没有得到有效解决，严重抑制了消费的转型升级。

推进消费转型升级、塑造新型消费体系，一是要积极推进新型城镇化进程，加快释放巨大的消费潜力；二是要构建政府自身消费与社会性消费、公共消费与居民消费、公共消费与公共投资三方面平衡的消费体系，合理增加公共消费，尤其重视教育、医疗、社保和就业等方面的公共支出，为持续释放居民部门消费需求创造条件；三是要加快新型消费基础设施建设，多措施大力促进消费数字化转型，一方面继续促进网上购物等新型商业业态的发展，另一方面借助"新基建"，不断开发新的网络消费形态和服务场景；四是要加快完善有利于新型消费体系建设的体制机制，为消费者营造放心消费、敢于消费的制度环境，抑制房价和居民杠杆率的继续上涨，积极推进消费领域的信用体系建设，优化市场监管机制，提升市场监管效能，实现信息共融共享，推动消费经济高质量发展。

（作者系中国社会科学院经济研究所所长、中国社会科学院习近平新时代中国特色社会主义思想研究中心研究员黄群慧；该文原载于 2020 年 10 月 27 日《经济日报》）

以畅通国民经济循环为主
构建新发展格局

2020 年以来，习近平总书记多次强调，加快形成以国内大循环为主体、国内国际双循环相互促进的新发展格局。当前和今后一个时期，我国发展仍然处于重要战略机遇期，但机遇和挑战都有新的发展变化。新发展格局是准确把握国内外大势，着眼于中华民族伟大复兴战略全局和世界百年未有之大变局这"两个大局"作出的重大战略性部署，对于推动"十四五"乃至更长时期发展，在危机中育新机、于变局中开新局，具有重大意义。我们必须准确把握新发展格局的基本内涵，审视优化发展思路，综合集成政策措施，深入推进改革创新，以畅通国民经济循环为主构建新发展格局，推动"中国号"巨轮沿着高质量发展之路行稳致远。

一、战略决策的重大意义

总的来看，构建新发展格局，是根据我国发展阶段、环境、条件变化作出的战略决策，是事关全局的系统性深层次变革。

其一，这是大变局下牢牢把握发展主动权的根本举措。当前，和平与发展仍是时代主题，同时大变局下的国际环境日趋复杂，不稳定性不确定性明显增强。2008 年国际金融危机之后，世界经济始终处于深度调整期，复苏之路艰难曲折，叠加 2020 年新冠疫情影响，以及非经济因素对全球产业链供应链的冲击，预计未来一段时间世界经济仍将持续低迷。与此同时，新冠疫情全球大流行使得大变局加速演化，国际力量对比持续向"东升西降"方向发展，全球经济、科技、文化、安全、政治等格局继续深刻调整，单边主义、保护主义抬头，一些大国内顾倾向增强，全球经济治理机制改革复杂胶着，经济全球化的速度、动力、模式面临重大调整。综合考虑，大变局下的世界已进入动荡变革期，我国面临一系列新的风险挑战和更多逆风逆水的外部环境，只有保持战略定力，坚定不移办好自己的事，不断夯实和提升国内大循环的主体地位，才能牢牢把握发展主动权，更加从容和自信地走向世界、拥抱世界。

其二，这是推进高质量发展的必由之路。我国已进入高质量发展阶段，人均国内生产总值超过 1 万美元，继续发展具备制度优势显著、治理效能提升、经济长期向好、物质基础雄厚、社会大局稳定等多方面优势和条件，同时也存在不少短板和弱项。近年来，我国经济结构持续优化升级，突出表现在国内大循环活力日益强劲，经济增长已经逐步转向更多依靠内需拉动，消费对经济发展的基础性作用不断增强。国际金融危机以来，我国经常项目顺差同国内生产总值的比率由 2007 年的 9.9% 降至现在的不到 1%，国内需求对经济增长的贡献率有 7 个年份超过 100%，最终消费支出对经济增长的贡献率稳定在 60% 左右。这一趋势主要受外部环境和国内要素禀赋变化影响，具有一定的客观必然性。未来一段时间，市场和资源两头在外的国际大循环发展动能依然不强。要准确把握这一重大趋势的演化特征，不失时机地采取更为有力的举措，提升供给体系对国内需求的适配性，使生产、分配、流通、消费更多依托国内市场，让内需这个经济发展的基本动力更加强劲，努力实现更高质量、更有效率、更加公平、更可持续、更为安全的发展。

其三，这是重塑我国国际合作和竞争新优势的战略抉择。改革开放以来，我国充分利用劳动力、土地等要素成本低廉优势，由大力发展加工贸易、承接劳动密集型国际产业转移起步，逐步融入全球产业分工体系，国民经济持续快速发展。近年来，我国劳动力成本快速上升，资源环境约束趋紧，传统竞争优势显著削弱。与此同时，新一轮科技革命和产业变革深入推进，主要发达国家都在试图抢占未来科技和产业发展的战略制高点，而越南等发展中国家也在利用自身的成本优势，积极出台优惠政策，大力承接国际产业转移，我国面临"前有堵截、后有追兵"的严峻竞争形势，推动新旧竞争优势转换已刻不容缓。构建新发展格局，善用改革的方法，打通国内大循环、国内国际双循环之间的痛点和堵点，最大限度地提高投入产出效率和资源配置效率，有利于培育和形成新形势下我国参与国际合作和竞争的新优势。

二、新发展格局的基本内涵

以国内大循环为主体、国内国际双循环相互促进的新发展格局，内涵十分丰富，具有以下几个主要内容：

其一，国内市场主导国民经济循环。以国内大循环为主体，就是要扭住扩大内需这个战略基点，打通国民经济循环各个环节，把依托和满足国内市场作为发展的出发点和落脚点，从而使我国的发展更为稳定和持续。作为全球第二大经济体、第一大工业国和货物贸易国，我国经济的长期发展只能依靠不断扩大内需拉动。美国、日本等大型经济体的发展历程表明，在达到一定发展水平之后，国内大循环将取代国际大循环，成为经济运行的主轴和政策制定的核心考虑因素。我国具备超大规模的市场优势，有14亿多人口，有4亿多中等收入群体，消费潜力巨大，5G网络等新型基础设施、新型城镇化以及生态环保等领域的投资空间广阔。因此，只要政策措施精准有力，就能够把内需潜力转化为高质量发展的不竭动力。

其二，提升供给体系对国内需求的适配性。构建新发展格局，持续推动经济向以国内大循环为主体转变，关键在于提升供给体系对国内需求的适配性，形成需求牵引供给、供给创造需求的更高水平动态平衡，从而让国内大循环有效"转起来"。我国工业体系完备，200多种工业产品产量世界第一，是世界第一制造大国和唯一拥有全部工业门类的国家，供应体系十分强大。

但是，不少传统和低端领域的产能和供给过剩，而很多新兴和高品质的服务供不应求，在居民消费加速升级的态势下，供给体系"大而不强""大而不优"、供给结构难以适应消费需求变化的矛盾日益突出。因此，要坚持供给侧结构性改革这个战略方向，更多使用市场化和改革的方法，减少无效和低端供给，瞄准改善民生所需和经济发展短板弱项，增加有效和中高端供给，通过优化供给结构、提高产品和服务质量，从而深层次解决供给与需求不相匹配的问题。

其三，国内国际双循环相互依存、相互促进。新发展格局决不是封闭的国内循环，而是开放的国内国际双循环。我国经济已经深入融入世界经济，与全球很多国家的产业关联和相互依赖程度都比较高，内外需市场本身是相互依存、相互促进的。只有进一步扩大对外开放，才能加速补齐要素、资源、营商环境等方面的短板和不足，引导国内产业提质增效和消费升级，使得国内大循环更加畅通。夯实国内大循环的主体地位，也将为世界各国贡献更多"中国机遇"，使我国成为吸引国际商品和要素资源的巨大引力场。因此，要在强化国内市场主导地位基础上，坚定不移扩大对外开放，更好利用国内国际两个市场、两种资源，以开放促改革促发展。

其四，强化产业链供应链安全保障。在世界大变局加速演化特征日趋明显的背景下，统筹发展和安全的难度和紧迫性显著上升，只有充分保障产业链供应链安全，才能有效畅通国民经济循环，推动国内国际双循环相互促进。当前，国际上围绕优质要素资源的争夺加剧，我国正处在由产业链中低端向中高端跃升的阶段，关键技术、核心零部件、高端设备"卡脖子"问题还比较严重。近年来，西方发达国家积极推动制造业回流和以自身为中心配置区域性产业链，新冠疫情的全球大流行又使得跨国公司更为重视产业链供应链的多元化，而国内使用国产料件替代进口料件以及出口转内销依然面临不少困难，维护产业链供应链安全已成为重大课题。因此，要依托集中力量办大事的制度优势，加快提升自主创新能力，尽快突破关键核心技术，强化对关键领域、关键技术、关键产品的保障，为构建新发展格局提供有力支撑。

三、集中力量办好自己的事

当前形势下，构建新发展格局面临不少新情况新问题，我们要以辩证思维看待新发展阶段的新机遇新挑战，勇于开顶风船，善于转危为机，保持战略定力，坚定站在历史正确的一边，集中力量办好自己的事，坚持供给侧结构性改革战略方向，扭住扩大内需战略基点，创新和完善宏观调控，以科技创新催生新发展动能，以深化改革激发新发展活力，以高水平对外开放打造国际合作和竞争新优势，牢牢掌握发展主动权，推动高质量发展不断迈上新台阶。

第一，坚定不移实施扩大内需战略。要兜牢民生底线，强化就业优先政策，帮扶市场主体渡难关，坚持扶贫力度不放松，加大养老等基本民生保障力度，夯实扩内需基础。在这一过程中，既要增强消费基础性作用，在稳定汽车、家电等传统大宗消费的基础上，支持线上消费发展，推动线上线下消费融合，扩大养老、健康、家政等服务消费，进一步净化消费环境，促进消费提档升级；还要发挥投资关键性作用，加强 5G 网络、大数据中心等新型基础设施建设，推进以县城为重要载体的新型城镇化建设，积极开展老旧小区改造和市政设施升级，加快交通、能源、水利等重大工程建设。

第二，加快提升自主创新能力。要充分发挥集中力量办大事的制度优势，构建社会主义市场经济条件下关键核心技术攻关新型举国体制，加快突破受制于人的关键核心技术，推动人工智能、量子通信等领域的颠覆性技术创新，善于打造长板。要依托我国超大规模市场和完备产业体系，创造有利于新技术快速大规模应用和迭代升级的独特优势，加速科技成果向现实生产力转化，提升产业链水平，维护产业链安全。此外，还要完善科技创新治理体系，提升企业在技术创新中的主体作用，加大基础研究投入，培养一流人才和科研团队，加强国际科技交流合作，建设创新型国家。

第三，积极推进产业转型升级提升供给质量。要夯实农业基础地位，毫不放松抓好农业生产和重要副食品保供稳价，提升农产品质量，让人民群众

"吃得放心"。同时，要加快传统产业改造升级，推动产业链再造和价值链提升；抓住数字化、智能化发展机遇，大力发展数字经济、生命健康、新材料等战略性新兴产业，催生和激发新业态、新模式、新供给。要完善基本公共服务体系，推广政府购买服务等模式，扩大服务业开放，强化市场监督管理，多渠道增加优质服务供给。努力向国际上先进质量、标准看齐，开展质量提升行动，使"中国制造"和"中国服务"成为高质量的标志。

第四，善用改革方法打通国民经济循环的痛点和堵点。构建新发展格局，是事关全局的系统性深层次变革，要求我们善于运用改革思维和改革办法，统筹考虑短期应对和中长期发展。因此，要加大结构性改革力度，创新制度供给，增强微观主体活力，不断提升经济创新力和竞争力。要建设高标准市场体系，全面完善产权、市场准入、公平竞争等制度，构建更加完善的要素市场化配置体制机制，塑造国际化法治化便利化营商环境。要构建区域协调发展新机制，破除要素资源跨区域流动和配置的体制机制障碍，形成主体功能明显、优势互补、高质量发展的区域经济布局。要统筹发展和安全，建立健全重大风险识别、预警、处置机制，加强社会预期管理。

第五，在扩大开放中重塑国际竞争新优势。对外开放是基本国策，我们要全面提高对外开放水平，建设更高水平开放型经济新体制，形成国际合作和竞争新优势。要发挥"一带一路"建设引领作用，形成陆海内外联动、东西双向互济的开放格局。要探索实施更高水平更高标准的贸易投资自由化便利化措施，加快金融等服务领域开放。要推动对外贸易创新发展，加快提升贸易质量，稳定产业链供应链，培育外贸新动能，深入推进贸易便利化，优化外贸发展环境。同时，还要积极参与全球经济治理体系改革，推动完善更加公平合理的国际经济治理体系。

（作者系中国宏观经济研究院毕吉耀、张哲人；该文原载于 2020 年 9 月17 日《经济日报》）

积极推进新型基础设施建设投资

基础设施是经济社会发展的重要支撑。加快新型基础设施建设，是促进当前经济增长、打牢长远发展基础的重要举措。2020 年的《政府工作报告》提出，要"加强新型基础设施建设"。在应对疫情影响和推动经济恢复增长的背景下，新型基础设施建设成为社会各界关注的一个政策重点和热门话题。对于新型基础设施建设的范围和作用，目前各方面的认识还不一致，有必要深化对这个问题的研究，为实践发展提供必要的理论支撑。

一、新型基础设施的含义和范围

国家发展改革委明确新型基础设施的范围，提出新型基础设施是以新发展理念为引领，以技术创新为驱动，以信息网络为基础，面向高质量发展需要，提供数字转型、智能升级、融合创新等服务的基础设施体系。这个定义比较全面地概括了新型基础设施的基本要素，反映了现阶段的政策理念和要求。要看到的是，新型基础设施的重点在"新型"，即为哪些方面提供服务和由谁来投资建设。

基础设施包括公用基础设施和专用基础设施，公用性质的基础设施如交通、环境等基础设施，为所有产业部门的运营提供支撑和服务，一般以政府投资建设为主；专用性质的基础设施如农业、工业、能源等基础设施，为专门产业部门的运营提供支撑和服务，一般由政府与企业根据设施应用范围分别投资建设。新型基础设施包括公用设施和专用设施，但总体上属于专用性质为主的基础设施，它与传统基础设施的一个区别，就是主要为高新技术产业及应用提供支撑和服务，并以市场化投资建设为主，由政府与企业根据设施应用特点分别投资建设。因此，从理论上说，新型基础设施的完整含义，应包括"为高新技术产业及应用服务"和"以市场化投资建设为主"两个要素。明确这些含义，有利于确定政策取向和引导投资行为，更好发挥社会投资的作用。

在界定概念的基础上，我们还要进一步确定新型基础设施的范围。目前新型基础设施主要包括三个方面内容：一是信息基础设施。主要指基于新一代信息技术演化生成的基础设施，比如，以5G、物联网、工业互联网等为代表的通信网络基础设施，以人工智能、云计算、区块链等为代表的新技术基础设施，以数据中心、智能计算中心等为代表的算力基础设施等。二是融合基础设施。主要指深度应用互联网、大数据、人工智能等技术，支撑传统基础设施转型升级，进而形成的融合基础设施，如智能交通基础设施等。三是创新基础设施。主要指支撑科学研究、技术开发、产品研制的具有公益属性的基础设施，比如，重大科技基础设施、科教基础设施、产业技术创新基础设施等。这是一种广义的范围，有利于我们更好地理解和把握新型基础设施建设的方向。

二、关键要协调处理好三个关系

总的来看，推进新基建投资适应了我国当前的经济形势，反映了推动产业结构升级和经济高质量发展的根本需求，既有利于提升产业链水平和保障供应链安全，也有利于把稳增长与高质量发展结合起来。推进新基建投资既要加强顶层设计，在深化研究的基础上制定出台有关指导意见和发展规划，引导各地区制定切实可行的投资规划，从各地实际出发突出投资重点；又要加强统筹协调，在充分发挥各方面积极性和创造性的条件下，推动处理好以下几个方面的关系。

第一，注重协调好政府投资和民间投资的关系。

新基建与传统基建的一个重要区别是，新基建主要依靠市场化投资，政府不是主要的投资主体。政府扩大对新基建的投资主要是为了解决其中的公共投资问题，特别是扩大科技研发创新所需的公用基建投资，同时起到逆周期调节市场需求、对社会投资起导向作用的效果。而对于高新技术产业的专用基建投资、应用高新技术改造传统基建投资，政府投资主要是发挥"四两拨千斤"的作用，重点是拉动和引导民间资本的投资。

从当前情况和发展趋势看，应当加强对地方政府新基建投资的必要导向，防止一些地方政府对新基建投资采取包揽一切重大项目、全面安排投资计划的做法。要引导各地从实际需求和财力出发，确定不同的新基建投资发展重点，避免同类新基建投资一拥而上、各地投资项目过度趋同的问题，避免短期内引起某些方面投入和需求过大导致供给侧结构性短缺、长期看又引起结构性过剩的问题。相关宏观管理部门应注意进行政策引导和协调，及时发布各地新基建投资信息，引导各地研究制定合理的投资规划，并通过规划引导社会资本扩大新基建投资。

第二，注重推动新基建投资与传统基建投资协调发展。

根据国家发展改革委确定的范围，应用高新技术改造传统基础设施属于新基建的内容，这部分的投资规模是比较大的，因而广义的新基建投资在整个固定资产投资中有较大的比重和拉动力。现在要讨论的是广义新基建投资与一般传统基建投资的关系问题。一般传统基建就是除了应用高新技术改造传统基础设施之外的内容，主要是"铁公基"等基建投资。需要注意的主要问题是：首先，不能以新基建投资否定传统基建投资。两者有不同的作用、取向和重点，都是应对新冠疫情影响和经济社会发展所需要的。传统基建投资量大面广，对投资和经济增长仍有较大拉动力，对保就业、保民生的作用可能更加直接，但主要受制于政府公共投资能力和地方政府债务风险；而新基建投资有可能快速扩大，发挥出前所未有的拉动投资、推动经济高质量发展的重要作用，但增长前景还取决于市场化投资的响应程度。其次，新基建投资与传统基建投资是相互促进的。传统基建为新基建发展提供必要的外部条件，解决公用设施和环境的支撑问题，整个新基建的发展一定程度上要以传统基建的发展为基础；新基建的发展可以为传统基建拓展更大的空间，带动传统基建改造升级，特别是通过应用高新技术改造传统基础设施，增强传统基建的新动能和新前景，提升传统基建投资的效率和可持续性。再次，要统筹协调新基建与传统基建的投资关系。从短期看，传统基建投资可能仍会占较大比重，中央部门所确定的重大投资项目多数仍属于传统基建的内容，中央与地方的投资比例划分也会带动地方政府对传统基建的稳定投入。但同时也要注意新基建投资出现"雷声大，雨点小"的情形，以市场化投资为主体的新基建投资能否快速扩大，不仅取决于各级政府的重视程度和推动力度，更重要的是能否有效拉动民间投资。从这个角度看，促进新基建投资与传统基建投资协调发展，使新基建投资真正担纲多重发展使命，关键要鼓励支持和引导民间资本的进入，这需要研究采取切实有效的政策措施，特别是要把工作重点放到深化改革开放上。

第三，注重处理好政府政策引导与市场配置资源的关系。

新基建投资与传统基建投资的一个重要差别，就是新基建投资的投资前景和收益回报具有更大不稳定性。推进新基建投资主要依靠市场化投资，需要建立一种政府部门搭台、市场主体唱戏的机制。政府要推动和引导新基建投资，就要改变行政性、计划性的管理方式，转而实施市场化的管理方式。要继续深化"放管服"改革，推行负面清单的监管制度，使市场在资源配置中起决定性作用，使投资者更大程度地依据市场信息决策并承担投资风险。

政府在政策引导方面主要要做好以下几件事情：一是研究制定新基建投资规划。比如，中央有关部门要研究制定全国性的新基建投资发展规划，省级政府部门也要研究制定符合本地情况的新基建投资发展规划。投资规划宜粗不宜细，主要起到发布信息、引导投资的作用。二是深化相关投融资体制改革。要更多地依靠改革的办法，运用市场化、法治化的手段，破解新基建投融资面临的体制机制问题。特别是要坚持深化供给侧结构性改革，坚持问题导向，支持帮助民营企业解决进入新基建领域面临的投资、融资、技术、人才等具体难题。三是进一步优化各种政策环境。比如，完善与新基建投资相关的制度安排，补齐制度性或机制性的短板；改善与新基建投资相关的营商环境，落实相关财税、融资等优惠政策，发挥好各类中介服务机构的作用。总之，要努力创造一个更加改革开放的制度环境，创造一个更加宽松稳定的政策环境，创造一个更加便利和优惠的营商环境，创造一个更加容错和激励的创新环境，从而更好推动新型基础设施建设投资，为经济发展注入强劲动力。

（作者系福建省中国特色社会主义理论体系研究中心教授、华侨大学经济与金融学院院长郭克莎；该文原载于 2020 年 8 月 19 日《经济日报》）

把握新形势下扩大内需的新特点和发力点

当前和今后一个时期，我国发展面临的风险挑战前所未有。受全球疫情冲击，世界经济衰退，产业链供应链循环受阻，国际贸易投资萎缩；国内消费、投资、出口下滑，就业压力显著加大，企业困难凸显。对此，2020年的《政府工作报告》提出，"实施扩大内需战略，推动经济发展方式加快转变""使提振消费与扩大投资有效结合、相互促进"，并作出重要部署。7月30日召开的中共中央政治局会议也就"牢牢把握扩大内需这个战略基点"提出了一系列要求。应该看到，新一轮扩大内需战略，与以往扩大内需的举措有很大不同，需要准确认识和充分把握当前扩大内需的新要求，积极调整扩大内需的战略重点，促进形成强大国内市场，加快形成以国内大循环为主体、国内国际双循环相互促进的新发展格局，以更好激发内需潜力，为我国经济发展增添动力。

一、新形势下扩大内需的新特点

由于外部环境、经济体量和结构、经济发展阶段和经济发展动力等方面的情况发生了变化，此次扩大内需与1998年应对亚洲金融危机和2008年应对国际金融危机时实施的扩大内需存在明显差异。

第一，外部环境更加严峻，要求扩大内需从"短期应对"向"短期应对与中长期战略并重"转变。

自1998年提出扩大内需战略以来，虽然20多年来我们一直把扩大内需作为推动经济发展的基本立足点和长期战略方针，但以往扩大内需主要是短期应对危机所采取的策略，主要目的是弥补外需不足、保持经济增长。危机过后，随着经济全球化持续推进，外部需求逐步回升，推动经济发展的重心发生变化，进而使扩大内需成为一个阶段性应对危机的措施。2008年国际金融危机发生后，针对外需大幅萎缩、内需不足的形势，我们再次作出通过扩大国内需求应对危机的战略决策，使我国经济在全球率先复苏。

与前两轮扩大内需面临的外部环境相比，在此次疫情冲击下，我国不仅面临世界经济衰退、国际贸易和投资大幅收缩、国际金融市场动荡等经济层面的负面影响，而且也面临着经济全球化进程受阻等问题。这使我国经济发展面临前所未有的风险与挑战，要求新一轮扩大内需不仅要更好应对外需下滑的挑战，也要更好保障国内的产业链和供应链安全，最大限度维护我国经济稳定发展。因此，此次扩大内需的任务更重，要求扩大内需从短期应对向短期应对与中长期战略并重转变，充分发挥超大规模市场优势、激发内需潜力。

第二，经济转向高质量发展阶段，要求扩大内需从"需求侧管理"向"需求侧管理与供给侧改革并重"转变。

在不同的经济发展阶段，经济基础、经济结构以及技术水平存在差异，潜在的需求增长空间也会不同。因此，扩大内需要充分考虑经济发展所处的阶段，根据不同阶段的特征采取相应的扩大内需措施。

1998年实施扩大内需战略时，我国经济总体实力相对较弱，人均GDP为800多美元，城镇化率为30.4%，基础设施整体水平相对落后，商品住房和家庭汽车等消费刚刚起步。因此，通过采取增加基础设施投资、鼓励住房和汽车消费等需求侧管理措施，在短期内有效发挥了稳定经济增长的作用。

2008年我国人均GDP达到3000美元以上，城镇化率已接近50%，基础设施水平明显改善，家电、汽车和住房等消费也逐步普及。通过采取扩大基础设施和产业投资，鼓励住房、汽车和家电消费等措施，虽很好地扩大了国内市场需求，稳定了经济增速，但扩大内需的效应与1998年相比明显递减，并随后带来了产能过剩等问题。

当前新一轮扩大内需与以往扩大内需的最根本区别在于：我国经济已由高速增长阶段转向高质量发展阶段，我国已成为世界第二大经济体、制造业第一大国、货物贸易第一大国、商品消费第二大国，2019 年我国人均 GDP 已超过 1 万美元，产业体系和基础设施已较为完善，但同时也面临供给侧结构性问题越来越突出的挑战。在这一阶段，如果再将扩大内需侧重于需求侧管理，强调短期政策效应，不仅可能使扩大内需的效果不彰，而且有可能加剧产能过剩。因此，此次扩大内需在采取短期的财政和货币政策刺激投资需求或消费需求的同时，应着重通过深化供给侧结构性改革，做大内需市场容量，形成需求与供给相匹配、投资与消费相协调的更高水平、更高层次、更多样性的内需市场。

第三，消费成为经济增长主要动力，要求扩大内需从"以扩大投资为主"向"扩大投资与扩大消费并重"转变。

扩大内需包括扩大投资需求和消费需求。投资是中间需求，消费是最终需求。尽管以往扩大内需都采取了扩大投资和扩大消费的举措，但由于扩大消费往往需要一个长期的过程，短期内无法通过扩大消费达到扩大内需的效果，扩大投资成为以往扩大内需的主要着力点，基本都采取了偏重投资、兼顾消费的政策措施。与以往扩大内需相比，当前，消费已经连续几年成为我国经济增长的第一动力，消费升级趋势进一步加快。因此，当前我国扩大消费的条件更加完备，此次扩大内需不应再把主要着力点放在扩大投资上，而应坚持扩大投资和扩大消费并重，并着力促进消费升级。

从扩大投资角度来看，重点要加大消费型投资，围绕现实消费需求和潜在消费需求，推动以消费升级为导向的基础设施投资和产业链投资，形成投资与消费相互促进的发展格局；从扩大消费角度来看，未来消费市场的扩容提质，不仅要靠供给侧的改革，更要靠需求侧的消费能力释放和增强，而要增强和释放居民消费能力，根本在于扩大中等收入群体规模，促进消费升级。

第四，外需型产能过剩，要求扩大内需从"扩大国内市场需求"向"扩大国内市场需求与畅通出口转内销渠道并重"转变。

长期以来，受国内统一市场尚不健全、国内贸易管理体制尚不完善、内外贸企业经营模式不同等因素影响，我国制造业形成了内需与外需两条线并行、内需型产能和外需型产能相互分割的发展格局。这一方面造成在外部需求下降时，外需不能及时转化成内需，难以通过内需消化外需型产能；另一方面也造成国内产能过剩与商品有效供给不足并存，居民消费需求难以得到有效满足。当前，受疫情影响，全球需求大幅萎缩，外需型产能过剩形势日趋严峻，如何消化这些已经存在的过剩产能就成为当前的关键问题。

针对未来外需可能长期下降的趋势，此次扩大内需的主要内容应在扩大国内市场需求的同时，加强出口产品转销国内市场的渠道建设，通过完善市场机制，畅通出口转内销渠道，着力把过剩的部分外需转化成内需，进一步释放内需市场潜力。

二、实施新一轮扩大内需战略的主要举措

为更好实施新一轮扩大内需战略，应围绕做大做强国内市场，顺应消费升级趋势，加强基础设施和产业链投资，扩大消费规模和水平，做大国内市场容量，增强国内市场对国际产业、企业和资源要素的吸引力。

一是推动消费升级导向的产业链升级，释放投资与消费需求潜力。以满足消费需求为立足点，把扩大内需与推动产业转型升级结合起来，把供给与需求结合起来，做大做强国内市场。具体来看，要加大对创新型产业、优质产品的投资力度，促进产业转型升级，把国内产业结构调整与增强自主创新能力、品牌建设结合起来，支持先进制造业以及各种新产业、新模式、新业态发展，增加优质产品和服务供给，满足居民有效需求；加大产业链投资，化解中间产品产能过剩，围绕我国产业发展方向，鼓励重点产业

将产业链从中间产品型产业，向最终需求型产业领域延伸；推动服务业开放和高质量发展，提升服务业供给质量，考虑放宽旅游、文化、健康、养老等服务行业的市场准入限制，提升服务业发展质量和水平，更好满足服务消费需求。

二是加快消费型基础设施建设，促进投资和消费双增长。以满足消费需求、引导消费需求、创造消费需求为方向，以补短板为着力点，加快消费型基础设施建设，促进投资和消费相互促进、循环增长。推进新型消费设施投资布局，加快以 5G 网络、人工智能等为主的新型信息基础设施建设，促进消费新业态、新模式、新场景的普及应用，激发新消费需求；推动城乡冷链物流设施有机衔接，形成覆盖农产品生产、加工、运输、储存、销售等环节的全程冷链物流体系，满足居民品质化消费需求；推动都市圈、城市群内部基础设施互联互通，促进都市圈内土地、劳动力、资本、技术、数据等生产要素的自由流动和市场化配置，推动国际消费中心或区域消费中心城市建设。

三是加强出口转内销渠道建设，推动国内国际双循环相互促进。要将培育和拓展出口转内销的渠道作为一项长期工作来抓，加强国内市场渠道的顶层设计，利用国内市场发展新机遇，增强企业发展的韧性和灵活性。鼓励外贸生产企业应用大数据、工业互联网等，精准对接国内市场消费升级需求，开发适合国内需求的产品和品牌；支持外贸企业与流通企业、电商平台对接，充分利用网上销售、直播带货、场景体验等新业态、新模式，畅通出口转内销渠道；加强商品批发体系建设，鼓励外贸企业与国内经销商合作，依托经销商积极开展市场推广、品牌代理、销售渠道拓展、大数据分析等业务，提升国内市场开拓能力；可考虑采取加工贸易产品先内销后补税等措施，降低内销成本，促进外贸出口产品转内销。

四是稳步扩大中等收入群体规模，增强国内市场支撑力。中等收入群体是促进形成强大国内市场的重要支撑。要把扩大中等收入群体规模作为重要抓手，着力通过保障就业、优化收入分配政策、推动资本市场健康发展、扩大社会保障体系的覆盖面等，畅通低收入群体向中等收入群体转化的渠道，提高居民收入，提升城乡居民的消费能力。

（作者系商务部国际贸易经济合作研究院张威、林梦、路红艳；该文原载于 2020 年 8 月 12 日《经济日报》）

谨防新的低水平重复建设和产能过剩

新年伊始，多地打响重大项目集中开工"发令枪",5G 网络、人工智能、大数据中心等新型基础设施建设热度持续不减，传递出全力以赴"拼经济"的决心和信心，令人振奋。但"拼经济"务必牢记高质量发展目标，防止一哄而上，更要避免因投资过热造成新的低水平重复建设和产能过剩。

通过扩大投资对冲经济下行，是我国稳定宏观经济的重要手段之一。2022 年以来，面对国内外超预期因素冲击，我国及时加大宏观调控力度，出台了稳经济一揽子政策和接续措施，及时稳住了经济大盘。特别是在消费受疫情制约、出口面临较大不确定性的情况下，投资关键作用进一步凸显，并成为我国经济平稳运行的主要支撑力量。

投资增速之所以出现明显反弹，离不开稳投资一系列政策靠前发力、积极作为。中央预算内投资、地方政府专项债券、财政贴息、政策性开发性金融工具、设备更新改造专项再贷款、制造业中长期贷款等一系列政策"组合拳"，有力促进了投资稳定增长，较好实现了财政和金融的协同配合、储蓄和投资的有效贯通、发展与安全的统筹兼顾。

投资一头连着需求、一头连着供给，带动性强、关联度高，是中国经济发展的稳定器，也是促增长、调结构的动力引擎。从相关先行指标看，2023年投资有望继续保持较好增长势头，特别是随着政策性开发性金融工具快速落地、银行基建配套贷款发放力度加大，各地重大项目开工建设节奏有所加快。

我们乐见投资继续保持平稳增长，但也要看到，当前我国经济已步入了企稳回升的巩固阶段，经济运行正加快向正常增长轨道回归。从一般规律及过往经验看，当中国这样较大体量经济体处于这一状态时，往往会出现盲目上项目、建设铺摊子等苗头，造成巨大浪费。为此，有必要提前做好预案，谨防出现投资过热。需要指出的是，2023年国际环境依然严峻复杂，外部环境不确定性引发我国经济下行的可能性仍然存在。对此，既要防止投资过热，尤其是防范低水平重复建设，同时也要应对可能出现的经济下行冲击。这显然对各地稳投资工作提出了更高要求。

2023年是全面贯彻落实党的二十大精神的开局之年，也是实施"十四五"规划承上启下的关键之年。推动经济运行整体好转，实现质的有效提升和量的合理增长，稳投资政策仍须继续发力。当务之急，要着力扩大精准有效投资，聚焦高质量发展的关键领域和薄弱环节，不搞"大水漫灌"，同时也要切实发挥好投资的引领作用，量质并重激发内生活力、带动全社会投资，助力经济稳定回升和持续健康发展。

（作者系经济日报社产经新闻部顾阳；该文原载于2023年2月9日《经济日报》）

专项债券稳投资助发展

专项债券在稳投资、稳增长中有望继续扮演重要角色，在加力提效拉动投资的同时，要切实防范债务风险，保障财政可持续。同时，要合理安排地方政府专项债券规模；要提高发行使用效率，加速形成实物工作量；要牢牢守住风险底线，确保财政可持续。此外，投资政策工具需要加强协调配合。

中央经济工作会议在部署明年继续实施积极的财政政策时强调，保持必要的财政支出强度，优化组合赤字、专项债、贴息等工具，在有效支持高质量发展中保障财政可持续和地方政府债务风险可控。作为积极财政政策的重要工具，专项债券影响日益扩大，如何更好发挥作用，受到市场高度关注。

在过去一年中，专项债券可谓是稳投资、稳增长中的高频词、关键词。从几个数据可见一斑，2022年年初安排新增地方政府专项债券3.6万亿元，第三季度又依法盘活5000多亿元结存限额。全年专项债券发行使用快马加鞭，用于项目建设的3.45万亿元新增专项债券资金于一季度全部下达，并于上半年基本发行完毕，节奏较以往大幅提前。统计显示，前11个月，基础设施投资同比增长8.9%，连续7个月回升。专项债券对拉动有效投资发挥出突出作用，特别是有力支撑了基础设施投资回升。

2023年稳增长任务更为突出，专项债券颇受期待。中央对2023年财政政策总的要求是，"积极的财政政策要加力提效"。专项债券在稳投资、稳增长中有望继续扮演重要角色，在加力提效拉动投资的同时，要切实防范债务风险，保障财政可持续。

要合理安排地方政府专项债券规模。赤字率和新增地方政府专项债券额度，这两个财政政策的重要风向标，需要到2023年全国两会才能确定，但现在已引起广泛关注。"保持必要的财政支出强度"，也就意味着政府债务保持一定强度，如何合理确定规模、水平至关重要。2023年专项债规模的确定，要按照中央提出的"优化组合赤字、专项债、贴息等工具"，对列入赤字的国债、一般债券和不列入赤字的专项债等进行综合考虑，通过统筹财政资源保持必要的支出。

要提高发行使用效率，加速形成实物工作量。提前下达新增额度、优化额度分配、加快发行使用等，这些都是发挥专项债券实效的必要之举。统计显示，2022年已发行专项债券的项目开工率达95%，已使用的专项债券规模较2021年同期大幅提升。2022年12月20日，国务院要求，推动重大项目建设和设备更新改造形成更多实物工作量，符合冬季施工条件的项目不得停工。当前，保持投资稳定增长的任务依然艰巨，专项债券要持续发力，在项目大部分已开工的基础上，持续推进项目实施，形成更多实物工作量。下一步，有必要通过适当扩大专项债券资金投向领域和用作资本金范围，进一步支持新兴产业发展，更好发挥专项债"四两拨千斤"作用。

要牢牢守住风险底线，确保财政可持续。中央经济工作会议对有效防范化解重大经济金融风险进行了重要部署，强调"要防范化解地方政府债务风险，坚决遏制增量、化解存量"。对专项债券而言，在合理安排总体规模的基础上，要充分考虑各地财力状况、债务风险水平、项目储备情况等因素，优化债券额度分配。在债券资金使用中，要强化资金监督管理，特别是对项目实行穿透式监测，强化对违法违规行为的约束、查处，防止投向不合规、资金闲置等行为。只有依法合规发行使用，专项债才能保持可持续性，真正发挥带动扩大有效投资、稳定宏观经济的积极作用。

此外，投资政策工具需要加强协调配合。专项债券与中央预算内投资、政策性开发性金融工具等，要以"组合拳"形成更大合力，进一步扩大有效投资，在稳增长、调结构、补短板中发挥越来越大的作用，助力推动经济运行整体好转。

（作者系经济日报社财金新闻部曾金华；该文原载于 2022 年 12 月 26 日《经济日报》）

发挥好农村基建促投资作用

农村基础设施建设事关农民根本利益。水电气暖入户、水泥路通到家门口、随时随地网购商品……近年来，在党中央、国务院的高度重视下，一系列政策措施落地见效，越来越多的资金投向农业农村，农村供水供电、交通道路、宽带网络等基础设施建设突飞猛进，乡村面貌发生巨大变化。

2022 年 9 月，农业农村部、水利部等 8 部门联合印发的《关于扩大当前农业农村基础设施建设投资的工作方案》明确规定，到年底前，突出抓好灌区等水利设施建设和改造升级、农田水利设施补短板，以及现代设施农业和农产品仓储保鲜冷链物流设施等项目建设。扩大农村基建投资，既能提高农业综合生产能力，又有助于增加农民收入，对于更好发挥农业农村建设支撑国民经济的基础作用，促进经济稳定运行具有重要意义。

2022 年以来，受超预期因素影响，我国经济下行压力有所加大。统计数据显示，2022 年前 9 个月，全国固定资产投资同比增长 5.9%。其中，基础设施投资增速连续 5 个月回升，为经济恢复增长提供了有力支撑。以水利设施建设为例，截至 10 月底，全国已经完成水利投资 9211 亿元，创下历史新高。现阶段，继续发挥农村基础设施建设投资的积极作用，对于稳住经济基本盘意义重大。

扩大农村基础设施建设投资，加快在建项目实施进度，开工一批新项目，一方面有利于补齐农业农村基础设施短板，提升农产品加工能力；另一方面，通过紧盯在建和新建两个重点环节，有效增加投资规模，对稳定宏观经济大盘、增进民生福祉有着重要作用。同时，也有利于改善广大农村地区的生产生活条件和整体面貌，还可以增加农民本地就业的机会，提高农民收入。比如，2022 年前 9 个月，水利项目施工累计吸纳就业人数 209 万人，其中农村劳动力 171 万人。

农村基础设施建设离不开资金保障。更好发挥农村基建促投资作用，要用足用好稳经济一揽子政策和接续政策。相对来说，农业农村基础设施建设往往投入大、效益低，融资较难。在积极争取各级财政投入的同时，要充分释放政策效能，拓宽项目建设融资渠道，积极争取地方政府专项债券、政策性开发性金融工具、金融信贷以及社会资本对农业农村基建项目的支撑力度，形成更多实物工作量。

在加快推进农村基建的同时，要强化工程项目建设管理，严格各环节质量控制，牢牢守住安全生产底线。要因地制宜、分期分批推进，防止"一刀切"和急于求成，确保经得起历史和实践检验。

当前，国内新发疫情不断出现，有关地区和部门要高效统筹疫情防控和经济社会发展，最大限度发挥农村基础设施建设投资带动作用，为稳经济注入澎湃动力。

（作者系经济日报社产经新闻部吉蕾蕾；该文原载于 2022 年 11 月 13 日《经济日报》）

发挥好能源投资乘数效应

能源投资应重点聚焦绿色低碳转型，通过大力发展低碳清洁能源，促进产业结构优化升级，更好地发挥能源投资对经济增长的拉动作用。同时，从保障能源安全角度出发，要优化传统化石能源组合。

2022 年 5 月，国务院正式发布《关于印发扎实稳住经济一揽子政策措施的通知》，要求在确保安全清洁高效利用的前提下有序释放煤炭优质产能，抓紧推动实施一批能源项目，提高煤炭、原油等能源资源储备能力。当前，国际形势复杂多变，国内稳增长压力不小，若能充分利用能源投资的乘数效应，将给经济稳增长、保障国家能源安全、塑造全球竞争新优势带来深远影响。

能源投资一般包括能源资源开发投资、能源生产项目投资，以及能源网络设施建设投资等。中短期看，能源项目通常投资体量大、用工多，可直接拉动区域经济增长。同时，能源投资还具有较强的正外部性。由于能源工业产业链长、能够聚集整合资源，因此能源投资可撬动相关产业投资，带动制造业再发展，形成产业聚集，有效形成新的经济增长点。除此之外，能源产业还可为其他产业提供能源与原材料，是其他产业持续发展的关键影响因素。

例如，抽水蓄能电站作为能源基础设施，具有投资规模大、产业带动力强等特点，可带动社会投资、上下游产业整体发展，提供各类就业岗位，同时也能带动当地商业、旅游业发展，具有一举多得的综合效益。数据显示，"十三五"期间，仅国家电网公司便完成抽水蓄能建设投资 700 亿元，带动社会投资超过 1500 亿元，上下游产业整体投资规模接近 2300 亿元，提供各类就业岗位 10 万个，在拉动投资、带动产业链发展中发挥了重要作用。

能源投资的长期效应更值得重视。纵观能源发展史，能源体系的每一次重构都释放出推动经济效率提升的巨大力量，有效促进了经济增长。19 世纪，以煤炭替代木材引发了第一次工业革命，英国率先完成转型，成为当时世界上最发达的国家。20 世纪，石油替代煤炭引发了第二次工业革命，借助这次能源转型，美国国力得以极大增强。两次能源革命都重塑了世界秩序，并极大促进生产力跨越式发展。

当前，新能源对传统化石能源的替代，有望引发新一轮工业革命。我国要在新历史机遇中占领制高点，迫切需要加大能源新兴产业投资力度，打造可以重塑国家竞争优势、支撑经济高质量发展的现代能源体系，并在此基础上发展绿色低碳的全新工业模式，带动上下游产业高质量发展，利用新一轮能源变革的发展机遇缩小与发达国家之间的差距，以更大外溢效应促进经济增长。

能源投资应重点聚焦绿色低碳转型。一方面，要从提高能源供给质量出发，加大对新能源、可再生清洁能源及其支撑设施的投资力度，包括风光大基地、智能输变电设施、特高压电网、抽水蓄能电站、新型储能设施等。通过大力发展低碳清洁能源，促进我国能源产业结构优化升级，更好地发挥能源投资对经济增长的拉动作用。另一方面，要从保障能源安全角度出发，优化传统化石能源组合。重点做好煤炭清洁高效利用，实施煤电节能降碳改造，加大石油、天然气等过渡能源增储上产力度，推进石化、钢铁等行业节能降碳改造。

以上绿色能源投资将在今后几十年内，为我国经济增长提供可观的投资推动力。能源基金会的一项分析表明，到 2050 年，面向中国碳中和的直接投资可达 140 万亿元，如果考虑到关联投资，实际投资潜力将远大于该规模。

当然，想实现上述投资潜力尚需加快推进能源领域市场化改革。能源电力行业具有自然垄断特征，和市场化程度较高的行业相比，我国能源电力行业活力不足、整体效率过低。要借助新一轮能源转型的契机，建设全国统一的能源市场，解决堵点、痛点问题，降低市场准入门槛，有序放开能源价格，打破市场垄断，还原能源的商品属性，促进能源市场要素流通。让电价机制在市场竞争中有效发挥作用，并能充分反映资源成本、环境成本和社会成本，以及市场供需变化，为新能源投资释放市场空间。

能源投资大规模资金来源是另一道坎。要创新能源投融资机制，加大政府对能源绿色低碳转型资金支持力度，建立相应的能源产业发展激励机制、投资政策及税收优惠政策，并鼓励民间资本和外资积极参与能源投资。为新能源产业设计针对性强的结构化金融产品，加大绿色债券、绿色信贷对新能源项目的支持力度，加快将新能源项目纳入基础设施不动产投资信托基金（REITs）试点支持范围，将更多的商业资本转化为产业资本。

（作者系经济日报社产经新闻部王轶辰；该文原载于2022年6月9日《经济日报》）

基础设施超前建设要把握好度

中央财经委员会会议指出，要适度超前，布局有利于引领产业发展和维护国家安全的基础设施，同时把握好超前建设的度。

基础设施是经济社会发展的重要支撑。近年来，我国基础设施建设步伐加快，整体水平实现跨越式提升。但我国人均基础设施资本存量只有发达国家的20%—30%，而且城乡和区域发展差距较大，全面加强基础设施建设仍然有较大提升空间。尤其是在当前经济下行压力加大的背景下，全面加强基础设施建设，积极扩大有效投资，既有利于扩大国内需求，应对下行压力，又有利于优化供给结构，畅通国内大循环、促进国内国际双循环，推动高质量发展。

中央财经委员会会议明确提出，基础设施建设"要适度超前""把握好超前建设的度"，既统筹了发展和安全，考虑了稳增长和防风险，也充分照顾了短期稳定增长和长期结构调整的需要。

无论是传统基础设施投资，还是新型基础设施投资，都具有很强的乘数效应，会带来大于项目投资额数倍的社会总需求和国民收入。适度超前建设基础设施，可以更好地为劳动力、资金、土地、技术等各类要素赋能，更好地承载和引领产业发展，提高基础设施投资的效率和效益。特别是适度超前布局和建设新型基础设施，可以确保在国际竞争中占据更有利位置，使新基建带来的信息技术更新、产业模式创新、商业模式革新的效能充分释放，塑造高质量发展新的比较优势，助推现代产业体系建设。

也要看到，凡事有度，过犹不及。超前建设基础设施必须把握好度。基础设施需要较长的投资建设周期，如不超前部署，可能导致一些基础设施项目跟不上发展需要，建成即落后，来回"翻烧饼"，造成资源极大浪费。但是，如果基础设施建设过度超前，必然会人为抬高用户成本，也容易形成不可持续的公共部门债务，影响基础设施投资、建设、运营的可持续性。

把握好基础设施超前建设的度，必须树立正确的政绩观，要有"功成不必在我"的气度，也要有"功成必定有我"的担当。要根据国民经济和社会发展规划确定的目标和任务，围绕重大国家战略作出前瞻性安排；要坚持问题导向、目标导向，统筹发展和安全，加强顶层设计，科学规划、合理布局；要着眼于未来人口等要素流动方向，充分考虑产业布局和发展需要，为产业高质量发展提供支撑；不贪大求全、不好大喜功，避免缺乏章法、脱离实际搞基础设施建设，造成重复投资和资源浪费。

此外，还要注意防范化解金融风险。基础设施建设对资金的需求量比较大，必须在保持政府债务杠杆适度的前提下，探索融资方式和运营方式创新，避免超前建设带来新的债务风险。

一分部署，九分落实。下一步，相关部门及地方应强化基础设施建设制度保障，建立重大基础设施建设协调机制，统筹协调各地区、各领域基础设施规划和建设，带动扩大有效投资，加大督促检查力度，开展跟踪问效，狠抓落实成效，推动基础设施高质量发展。

（作者系中国纺织报社林火灿；该文原载于2022年5月24日《经济日报》）

千方百计促进消费持续恢复

2022年4月召开的中共中央政治局会议强调"要发挥消费对经济循环的牵引带动作用",这是在全面分析经济形势基础上部署的一项重要工作。国务院办公厅印发《关于进一步释放消费潜力促进消费持续恢复的意见》,提出了五方面20项重点举措。为巩固发展14亿多人大市场打出的促消费"组合拳",引发了国内国际广泛关注。

从国民经济运行看,消费对经济发展具有持久拉动力,是畅通国内大循环的重要引擎,也是形成需求牵引供给、供给创造需求的更高水平动态平衡的关键环节,事关国计民生。从当下中国经济形势看,需求收缩、供给冲击、预期转弱三重压力没有改变,一些不利因素还在复杂演变,新的下行压力进一步加大。面对形势任务和严峻考验,我们既要有充分认识,更要有应对办法。千方百计、综合施策,释放消费潜力,促进消费持续恢复,无疑至关重要。

国家统计局数据显示,2021年,我国最终消费支出增长对经济增长贡献率为65.4%,高于资本形成总额贡献率,是国民经济稳定恢复的主要动力,消费的"压舱石"作用凸显。

在《关于进一步释放消费潜力促进消费持续恢复的意见》提出的重点举措中,列于首位的是"围绕保市场主体加大助企纾困力度",这是促进消费有序恢复发展,进而稳住经济基本盘的一个关键所在。由于新冠疫情直接冲击消费端,冲击中小微企业和个体工商户,给低收入群体和基本民生带来很大影响。目前,我国有超1.5亿市场主体,承载着数亿人就业创业。保住市场主体，就能保住就业；有就业，就有收入和消费，就能推动经济增长。中央和各地纷纷出台减税降费、缓缴社会保险费等纾困举措，一些外卖平台等相关企业也积极响应，通过降低佣金帮助中小商户渡过难关。

实践表明，减税降费为企业雪中送炭、助企业焕发生机，是助企纾困的直接有效办法。各地还要结合实际，依法出台税费减免等有力措施，使减税降费力度只增不减，以稳定市场预期。另外，金融系统也要通过降低利率、减少收费等多种措施，向实体经济让利，对受疫情影响严重的行业企业给予融资支持，避免出现行业性限贷、抽贷、断贷。

稳消费增长、促消费升级是一项系统工程。做好基本消费品保供稳价、推进实物消费提质升级、持续拓展文化旅游消费、充分挖掘县乡消费潜力、合理增加公共消费、营造安全放心诚信消费环境等，都是增加消费"压舱石"分量的重要工作。

应当看到，疫情对消费的影响是阶段性的，随着疫情得到有效管控、政策效应逐步显现，正常经济秩序将快速恢复，消费也将逐步回升。我国拥有14亿多人口、中等收入群体规模全球最大的国内市场，又有远近兼顾、协同发力的政策支持和工作部署，消费长期向好的基本面不会改变。对此，我们应有充分的信心。

（作者系经济日报社评论部齐东向；该文原载于 2022 年 5 月 7 日《经济日报》）

用足用好扩大有效投资关键一招

当前，我国经济运行处于爬坡过坎的关口，面临需求收缩、供给冲击、预期转弱三重压力，必须把稳增长放在更加突出的位置。用足用好扩大有效投资这个"关键一招"，对于应对经济下行压力，确保经济平稳运行具有重要意义。

扩大有效投资，要抓早抓紧抓实重大项目，发挥好其在稳投资稳增长中的"压舱石"作用。与消费和进出口相比，投资政策乘数效应大，受疫情因素制约更少，政策效果显现更快，对经济增长的拉动作用更加明显。"十四五"规划确定了 102 项重大工程项目，这些项目具有战略性、基础性、引领性，兼顾了国家大事和民生"关键小事"。要加快推进重大工程项目建设实施，加强项目谋划和储备，形成开工一批、投产一批、储备一批的良性循环，以高质量项目加快高质量发展。

中央经济工作会议要求，各方面要积极推出有利于经济稳定的政策，政策发力适当靠前。从各地各部门情况看，稳投资稳增长正在加速发力。比如全国财政工作视频会议提出，管好用好专项债券资金，拉动有效投资；全国发展和改革工作会议提出，扎实推进"十四五"规划的 102 项重大工程项目建设，适度超前开展基础设施投资。

从投资方向看，要统筹强基础、增功能、利长远、惠民生、防风险，聚焦"两新一重"新型基础设施、新型城镇化等重大项目和补短板领域有效投资，在粮食能源安全、先进制造业和高技术产业、交通物流和网络通信等基础设施、城市保障性住房等重点领域加大投入，引导资金更多投向供需共同受益的领域，投向既扩大短期需求又增强长期动能的领域，优化投资结构、提高投资效益，坚决防止低水平重复建设。

在要素保障方面，充分做好融资、用地、用能等要素保障，发挥好中央预算内投资、地方政府专项债等政府投资带动作用，同时积极调动社会资本活力，鼓励民间投资稳定发展。地方政府专项债是地方建设项目重要资金来源，对于扩大有效投资具有重要作用。要按照资金跟着项目走的要求，尽快将地方政府专项债券资金落到具体项目。

困难挑战越多，越要坚持向改革要动力。扩大有效投资，还要进一步深化投资项目审批制度改革，推行承诺制、区域评估等创新举措，充分激发社会投资活力和动力，为继续发挥有效投资在稳增长中的关键作用提供有力支撑。

（作者系经济日报社产经新闻部熊丽；该文原载于 2022 年 1 月 17 日《经济日报》）

（二） 加快建设现代化产业体系

如何认识现代化产业体系

现代化产业体系是实现经济现代化的关键标志，是全面建成社会主义现代化强国的物质基础。改革开放以来，我国产业发展取得显著成就，逐步建立起行业齐全、配套完善的产业体系。党的二十大报告提出了"现代化产业体系"这一概念和"建设现代化产业体系"的新任务。那么，现代化的产业体系究竟包含哪些内容？产业体系现代化的内涵特征是什么？新时代赋予产业体系现代化的新要求又是什么？

目前，关于现代化产业体系的讨论很多，一般认为，现代化产业体系的主体内容包括发达的制造业、强大的战略性新兴产业、优质的服务业以及保障有力的农业，对其内涵特征的描述大多侧重于产业体系本身的质量和效益，弱化了"现代化"的含义，如在某个或某些产业领域形成位居世界前列的制造或服务能力，就被认为成功构建了现代化产业体系。然而，现代化是一个动态发展的过程，其内涵和要求是根据时代变化而不断变化的。纵观世界产业发展历史，每一次工业革命都带来了产业的现代化变革。同时，产业体系现代化还是一个庞大的系统工程，不仅是产业内生动力的现代化，还包括外在关联动力的现代化。面对复杂多变的国际政治经济形势，建设现代化产业体系不仅要考虑产业本身的质量效益，其内涵特征也不只是包括产业的高端性、产销衔接的高效性、产业占比的协调性、产业之间的融合性以及基础配套的完善性等，还应动态考量其现代化进程中的支撑性、引领性、安全性、开放性和可持续性。

产业体系现代化要体现其对现代化经济体系和现代化强国的战略支撑

性。产业体系是经济体系的重要组成，更是现代化强国的重要基石，产业体系现代化需要从战略上匹配建设现代化经济体系和现代化强国的目标要求。因此，产业体系的现代化，既要充分体现产业体系对高质量国民经济、高水平国民收入等的贡献，又要全面体现支撑中国式现代化进程各阶段战略部署的作用。

产业体系现代化要突出其创新引领性。无论是高精尖产业，还是传统优势产业，在产品和服务标准、规范、技术、创新等方面能够引领全球供给和需求，才能符合现代化的特质。美国、日本等发达国家之所以能够持续保持产业的高端化和高附加值，关键在于其基于技术变革的创新引领力。因此，建设现代化产业体系，必然要加快新一代信息技术和数字技术渗透，强化创新体系和自主创新能力建设，持续推动产业升级并引领发展。

产业体系现代化要强调其安全韧性。尽管我国已经是全世界产业门类最为齐全的国家，但在核心零部件、关键材料等方面进口依赖度仍然较高，相关产业链"断链"风险隐患依然较大，一个随时可能被"扼住咽喉"的产业体系必然受制于人。因此，在全球供应链加速重构的背景下，产业体系现代化需要做到不断突破供给约束堵点、卡点、脆弱点，在极端情况下能够有效运转，在关键时刻能够反制封锁打压，并能够迅速恢复发展。

产业体系现代化要注重其开放竞争性。现代化与国际化息息相关。只有与国际产业体系接轨，我国产业才能更深度参与全球产业分工和合作，在全球范围内配置资源。同时，竞争性是产业保持活力的源泉，也只有通过全面参与国际竞争，我国产业体系方可保持旺盛生命力。尽管面临逆全球化浪潮冲击，但争取在全球范围扩大"朋友圈"，持续推动开放合作与公平竞争，仍然是建设现代化产业体系的题中之义。

产业体系现代化要实现其发展可持续性。有生命力的现代化产业体系一定是可持续发展的产业体系。这可从两个层面来理解：从产业趋向看，绿色低碳发展既是我国产业转型的必然趋势，也是实现可持续发展的必由之路；从产业生态看，良好的产业生态是集聚产业、催生创新的土壤，是高质量供给与多层次市场需求相互促进的外生动力。因此，产业体系现代化还意味着要引导绿色低碳发展，创造良好产业生态，进而推动产业体系实现可持续的良性循环发展。

（作者系中国宏观经济研究院产业经济与技术经济研究所副研究员刘振中；该文原载于 2023 年 2 月 14 日《经济日报》）

把握经济体系现代化的内涵和要求

　　建设现代化经济体系，是党中央从党和国家事业全局出发，着眼于实现"两个一百年"奋斗目标、顺应中国特色社会主义进入新时代的新要求作出的重大决策部署。习近平总书记指出，国家强，经济体系必须强。建设现代化经济体系，不仅是社会主义现代化强国建设的主要内容，更是重要的决定性因素。只有形成现代化经济体系，才能更好顺应现代化发展潮流，赢得国际竞争主动，也才能为其他领域现代化提供有力支撑。当前，我国正迈步在全面建设社会主义现代化国家新征程上，深刻领会经济体系现代化在现代化全局中的地位和作用，准确把握其内涵及要求，找准发力点和实施路径，对顺利推进我国现代化建设具有重要意义。

一、经济体系现代化是中国式现代化的重要基础

　　现代化是工业革命以来人类社会一场波澜壮阔的历史变革，既包括生产力的现代化，也包括生产关系的现代化，涉及经济社会方方面面。历史唯物主义认为，物质资料的生产是人类社会存在和发展的基础。经济现代化在现代化全局中居于基础地位。纵观世界现代化发展史，一切现代化的中心任务都是发展生产力。没有经济上的强大实力和带动能力，就不可能有现代化强国的物质基础，其他领域的现代化也会缺乏经济支撑。可以说，经济现代化既是国家现代化的主战场和核心内容，也是整个现代化的重要动力源。

　　立足我国而言，经济体系现代化是中国式现代化的重要基础。现代化是

每一个发展中国家的共同追求，因发展阶段、政治制度、经济体制和文化背景等不同，各国的现代化道路不可能完全一样。中国的现代化既要遵循现代化的一般规律，也会有自己的特色。习近平总书记指出，西方发达国家是一个"串联式"的发展过程，工业化、城镇化、农业现代化、信息化顺序发展，发展到目前水平用了 200 多年时间。我们要后来居上，把"失去的二百年"找回来，决定了我国发展必然是一个"并联式"的过程，工业化、信息化、城镇化、农业现代化是叠加发展的。经济体系现代化就体现了这种"并联式"现代化的特征，具有中国式现代化的特色。

进一步看，建设现代化经济体系是跨越关口的迫切要求，是实现高质量发展的必由之路。党的十九大报告指出，我国经济已由高速增长阶段转向高质量发展阶段，正处在转变发展方式、优化经济结构、转换增长动力的攻关期。不容忽视的是，目前我国还存在发展质量效益不高、资源环境矛盾突出、区域城乡差距仍然较大、经济循环存在卡点堵点等一系列风险挑战。破解这些矛盾和问题，推动经济跨越关口，要立足新发展阶段，完整、准确、全面贯彻新发展理念，构建新发展格局，推动高质量发展，促进共同富裕，统筹发展与安全。这些正是建设现代化经济体系的重点所在。

二、现代化经济体系的内涵更为系统完整

现代化经济体系是中国式现代化语境下提出的概念，在内涵上更强调整体性、系统性和协同性。2018 年 1 月 30 日，习近平总书记主持中共中央政治局第三次集体学习时指出，"现代化经济体系，是由社会经济活动各个环节、各个层面、各个领域的相互关系和内在联系构成的一个有机整体"[1]，要求产业体系、市场体系、收入分配体系、城乡区域发展体系、绿色发展体

---

[1] 《深刻认识建设现代化经济体系重要性　推动我国经济发展焕发新活力迈上新台阶》，《人民日报》2018 年 2 月 1 日。

系、全面开放体系和经济体制一体建设、一体推进。这为建设现代化经济体系指明了方向。当然，形势在变化，实践在深化，现代化经济体系的内涵也随之更为系统和完整。结合新形势新要求，我们认为，现代化经济体系应该具备下述特征。

创新是引领发展的第一动力。创新驱动发展是现代化经济体系最显著的特征之一。现代化经济体系强调创新是引领发展的第一动力，依靠创新推动质量变革、效率变革、动力变革，全面提升全要素生产率；高度重视基础研究，通过深入实施科教兴国战略、人才强国战略、创新驱动发展战略，建设科技强国，实现高水平的科技自立自强；注重科技与经济深度融合，积极运用新技术、新业态、新模式改造提升传统产业，不断壮大新兴产业，加快发展数字经济，积极培育经济发展新动能。

产业体系现代化是核心内容。产业体系是经济体系的内核。经济体系现代化，首先是产业体系现代化，要求把发展着力点放在实体经济上，以提高供给体系质量和效益为主攻方向，推动实体经济、科技创新、现代金融、人力资源协同发展，不断做强做优做大实体经济。工业、农业和服务业是实体经济的核心，必须同步推进工业现代化、农业现代化和服务业现代化，促进三次产业深度融合和产业结构高级化；产业链是实体经济的底座和根基所在，要推进产业基础高级化和产业链现代化，推动产业向高端化、智能化、服务化、绿色化转型。

经济循环高效畅通是基础前提。经济要素空间移动畅通无阻是现代化经济体系正常运行和发展的基础和前提。建设现代化经济体系，在内外联动方面，要求坚持扩大内需，推进高水平对外开放，形成国内国际双循环相互促进的发展格局；在区域协调方面，要求通过实施区域发展战略和重大区域战略，形成彰显优势、协调联动的区域发展格局；在城乡融合方面，要求通过实施新型城镇化战略和乡村振兴战略，形成以城市群为主体、大中小城市和小城镇协调发展的城镇格局和城乡一体化发展格局。

绿色低碳循环发展是普遍形态。绿色低碳循环发展是现代化经济体系的内在特征。绿色发展，要求牢固树立绿水青山就是金山银山的理念，强调生态优先、环境保护，发展绿色经济，实现经济发展和资源环境相协调。低碳发展，要求紧扣碳达峰、碳中和目标，发展低碳经济，构建清洁低碳、安全高效的能源体系和节能环保、清洁生产的产业体系。循环发展，要求注重资源高效利用和循环利用，发展循环经济，形成"减量化、再利用、资源化"的生产生活方式。

促进逐步实现共同富裕是本质要求。共同富裕是社会主义的本质要求，是中国式现代化的重要特征。建设现代化经济体系，要求坚持以人民为中心的发展思想，按照逐步实现共同富裕的要求，既着眼于形成有利于提高效率、创造财富的激励机制，充分发挥各方面积极性、主动性和创造性，不断做大"蛋糕"，又着眼于形成有利于缩小收入差距的分配体系，把"蛋糕"分好，让人民群众有更多获得感、幸福感、安全感。

经济安全保障有力是重要特征。经济安全是国家安全的基础。现代化经济体系应具备应对国内外各种风险冲击的抗压能力。建设现代化经济体系，要求统筹发展和安全，增强经济发展韧性，积极防范各种风险，保障粮食、能源、重要资源等初级产品供应安全，做到产业链供应链自主可控，牢牢守住国家粮食安全、能源安全、产业链供应链安全的底线。

经济体制完善成熟是制度保障。现代化经济体系需要良好的制度保障。建设现代化经济体系，要求正确处理政府和市场关系，围绕让市场在资源配置中起决定性作用、更好发挥政府作用的要求，建设统一开放、竞争有序、制度完备、治理完善的高标准市场体系，推动有效市场和有为政府更好结合，着力构建市场机制有效、微观主体有活力、宏观调控有度的经济体制，真正实现要素自由流动、价格反应灵活、竞争公平有序、企业优胜劣汰。

三、以"一体两翼"为重点建设现代化经济体系

建设现代化经济体系是一项系统工程，要抓纲举目，找准发力点，明确

主攻方向，在关键处布局落子，以"一体两翼"为重点，通过点线突破牵引带动全局，推动经济体系现代化稳步前进。

"一体"是指"产业体系"。要以产业体系现代化为发力点，加快推进工业现代化、农业现代化和服务业现代化，大力发展先进制造业、现代农业和现代服务业，培育壮大战略性新兴产业，加快发展数字经济，筑牢现代化经济体系的底盘和根基。工业现代化要以制造业为重点，按照新型工业化要求，积极推进工业化和信息化融合、制造业和服务业融合，不断提升新型工业化的水平和质量，加快建设制造强国。从一定意义上说，农业现代化是我国现代化的短板，要以全面实施乡村振兴战略为抓手，推进农业科技化、机械化、信息化、规模化，加快促进传统农业向现代农业转变。服务业现代化要着眼于改造提升传统服务业，大力发展现代服务业，推动生产性服务业向专业化高端化转型，生活性服务业向高品质多样化升级，提高服务业劳动生产率，克服"鲍莫尔病"，实现从服务大国向服务强国转变。

"两翼"包括科技创新和经济体制。科学技术现代化是生产力现代化的典型代表，是经济体系现代化的牵引动力。要坚持创新在我国现代化建设全局中的核心地位，抢抓新一轮科技革命和产业变革机遇，面向世界科技前沿、面向经济主战场、面向国家重大需求、面向人民生命健康，加强基础研究、应用基础研究和应用研究，增强自主创新能力和科技成果转化应用，加快建设科技强国。一个完善而成熟的经济体制，可以为经济体系现代化提供制度保障。要对标国家治理体系和治理能力现代化，坚持和完善社会主义基本经济制度，以完善产权制度和要素市场化配置为重点，以深化供给侧结构性改革为主线，全面深化经济体制改革，建设高标准市场体系，构建更加系统完备、更加成熟定型的高水平社会主义市场经济体制，形成促进生产力发展的制度供给，为建设现代化经济体系保驾护航。

（作者系国家发展改革委价格成本调查中心主任、研究员黄汉权；该文原载于 2022 年 6 月 7 日《经济日报》）

将战略性新兴产业打造成新引擎

党的二十大报告明确指出，"推动战略性新兴产业融合集群发展，构建新一代信息技术、人工智能、生物技术、新能源、新材料、高端装备、绿色环保等一批新的增长引擎"。这为新征程上战略性新兴产业发展提出了明确要求和重要指引。必须充分认识推动战略性新兴产业发展的重大意义，准确把握战略性新兴产业发展的阶段特征和任务要求，持续完善产业生态，推动融合化集群化发展，加快打造经济增长新引擎。

一、现代化建设重要举措

进入新发展阶段，加快培育战略性新兴产业，对于构建新发展格局、推动经济高质量发展、满足人民日益增长的美好生活需要和推进中国式现代化都具有重要意义。

战略性新兴产业代表新一轮科技革命和产业变革方向，是推动经济发展质量变革、效率变革、动力变革的关键力量。当前，我国正处在转变发展方式、优化经济结构、转换增长动力的攻关期，经济发展面临需求收缩、供给冲击、预期转弱三重压力，同时又遭遇严峻复杂的国际环境，迫切需要加快战略性新兴产业发展，推动新一代信息技术、生物技术等在传统产业的应用，培育形成经济发展新动能，优化产业结构，构建现代化产业体系，促进数字经济、生物经济、低碳经济发展，提高全要素生产率，促进经济高质量发展，为现代化建设夯实物质技术基础。

战略性新兴产业不仅事关实体经济发展根基，而且关系到人民群众生命健康、信息安全、能源转型、粮食安全等发展的方方面面。坚持以人民为中心，立足新发展阶段、贯彻新发展理念、构建新发展格局，必须把发展战略性新兴产业放在经济社会发展中的突出位置，加快关键核心技术攻关和自主创新产品迭代应用，着力提升新一代信息技术产业创新能力和产业链自主可控水平，加快生物产业创新发展，提升高端装备制造业竞争力，加快新能源汽车和智能网联汽车产业协同创新，促进绿色环保产业提质增效，大力培育新兴服务业。

还要看到，基于科技革命和产业变革推动生产力发展，是传统社会向现代社会转型的重要推动力量。从我国国情看，我国人口众多、人均资源少，实现现代化必须要推动一场科技革命和产业变革。当前，我国正处于实现中华民族伟大复兴的关键时期，新一轮科技革命和产业变革正在蓬勃兴起，必须加快发展战略性新兴产业，推动生产力水平大幅提高，走出一条符合我国国情的中国式现代化道路。

二、准确把握趋势要求

党中央深刻把握全球科技和产业发展趋势，作出了加快培育发展战略性新兴产业的重要部署。党的十八大以来，以习近平同志为核心的党中央高度重视战略性新兴产业发展，着力加强创新创业创造，推动战略性新兴产业从培育壮大到引领发展的跃升，战略性新兴产业发展的阶段要求和主要着力点发生深刻变化。

从培育壮大到引领发展。"十二五"时期，党中央、国务院提出加快培育发展战略性新兴产业，更多是出于应对日趋激烈的国际竞争和气候变化等全球性挑战、促进经济长期平稳较快发展的考虑，战略性新兴产业发展的主要目标是积极培育先导产业。"十三五"时期，面对加快新旧动能转换的战略要求，在新一代信息技术、高端制造、生物、绿色低碳、数字创意等若干领域加快形成支柱产业成为战略性新兴产业发展的主要任务。当前，战略性新兴产业增加值占国内生产总值的比重已从 2010 年的 3% 左右提升至 13% 以上，部分领域已成为国民经济重要支柱产业，战略性新兴产业数字化、智能化、绿色化发展深入推进，跨界融合趋势愈加明显，成为推动产业结构转型升级、经济高质量发展的重要动力源，其发展使命和主题也由规模扩张转向质量提升，不断增强在经济高质量发展和现代化产业体系建设中的引领作用。

从做大做宽到做强做深。目前，我国制造业规模居全球首位，完备的产业体系、强大的动员组织和产业转换能力，为经济社会发展提供了重要物质保障。同时也要看到，我国产业链供应链仍存在风险隐患，产业基础投入不足，产业链整体上处于中低端，大而不强、宽而不深。这一问题也深刻制约着战略性新兴产业提质升级和引领作用的有效发挥。为此，必须加快实施产业基础再造工程，聚焦新一代信息技术、人工智能、生物技术、高端装备等战略性新兴产业升级发展所需的高端基础元器件、核心零部件、基础装备、关键基础材料等，努力补短锻长，增强战略性新兴产业发展的韧性、可持续性和竞争力。

从追赶跨越到前瞻布局。历史经验表明，追赶型国家产业升级必须要经历范式变迁。多年来，我国战略性新兴产业发展模式主要是追赶跨越，通过强化产学研用合作，我国新能源汽车、智能手机、光伏、风电等重点产业发展成效突出，高速铁路、5G 通信、储能、核电、特高压等领域优势明显，正实现从跟跑向并跑、领跑的跨越。展望未来，为了更好抢抓新赛道、开辟新领域、培育新动能，需要前瞻布局未来产业，开启未来产业孵化与加速计划，强化基础研究和人才培养，加快面向未来新需求的市场培育和场景建设，推动类脑智能、量子信息、未来网络、深海空天开发、氢能与储能等前沿科技突破和产业化发展，推动"技术—经济"范式变革，努力抢占未来产业发展制高点。

三、营造良好产业生态

发展战略性新兴产业是新技术、新产品、新业态、新模式不断孕育成长壮大的过程。推动战略性新兴产业发展，关键在于营造良好的产业生态，这需要完善体制机制和配套政策体系，优化要素资源配置，深入实施国家战略性新兴产业集群发展工程，推动重点产业链协同发展，激发市场主体活力，构筑具有国际竞争力的产业生态。

完善包容审慎监管机制。战略性新兴产业创新多、变化快的特点决定了原有的管理方式和体制机制难以适应高质量发展需要，必须持续推进政府管理体制改革，创新管理方式，优化政府服务，及时修订和完善有利于战略性新兴产业高质量发展的相关制度，充分激发企业主体活力。要强化标准和质量导向，持续打造市场化法治化国际化一流营商环境，全面实施统一的市场准入负面清单管理制度，最大限度减少新产品上市、新企业准入等事前审批限制。完善招投标程序监督与信息公开制度，营造公平竞争的市场环境。推动在政府采购需求标准中嵌入支持创新、绿色发展等政策要求，为前沿技术转化提供早期市场并加快产业化应用迭代。

促进要素资源优化配置。战略性新兴产业的健康发展，离不开科技、金融、人才、数据等各类要素的持续支撑。要加快发展技术要素市场，完善科技成果转化机制，促进新技术产业化规模化应用；大力推动创业投资，完善资本市场，有效激励民间投资；加快培育数据要素市场，推进政府数据开放共享，加强数据资源整合和安全保护；健全战略性新兴产业人才保障机制，构建充分体现知识、技术技能等创新要素的收益分配机制。

推动产业融合化集群化发展。一方面，随着信息技术的快速发展，战略性新兴产业和现代服务业融合发展态势日益明显，各类科技研发服务、创新创业孵化服务、检验检测与认证认可服务、智慧供应链服务、数字创意服务等日益成为战略性新兴产业发展的重要内容。需要加快发展智能化解决方案、众包等制造服务融合的新业态新模式，大力发展研发设计、金融科技、供应链管理等生产性服务业，推动新兴技术创新和融合渗透，支持科技创新突破转化，赋能生产制造转型创新，促进战略性新兴产业和现代服务业深度融合发展。另一方面，推动战略性新兴产业集群发展，有利于推动高端要素、高端企业集聚，形成上下游企业协同发展的良好态势，推动创新链产业链资金链人才链深度融合，构建完善的产业发展生态，打造区域经济增长极。在此过程中，要探索建立更加有效的跨部门、跨区域协调机制和产业集群垂直管理机构，优化新兴产业重大生产力布局，构建产业集群梯次发展体系，推动培育打造一批具有全球影响力的战略性新兴产业集群，构建优势互补、分工明确、相互衔接的产业发展布局。

（作者系中国宏观经济研究院党委书记、院长王昌林，决策咨询部战略政策室主任盛朝迅；该文原载于 2023 年 2 月 22 日《经济日报》）

以实体经济为着力点建设现代化产业体系

实体经济是一国经济的立身之本，是财富创造的根本源泉，是国家强盛的重要支柱。习近平总书记在党的二十大报告中强调，"坚持把发展经济的着力点放在实体经济上，推进新型工业化，加快建设制造强国、质量强国、航天强国、交通强国、网络强国、数字中国"[1]。我们要牢牢把握实体经济这个着力点，扎实推进现代化产业体系建设，在加快构建新发展格局、着力推动高质量发展中，为全面建成社会主义现代化强国、实现第二个百年奋斗目标夯实物质技术基础。

一、内在逻辑

党的十八大以来，以习近平同志为核心的党中央高度重视发展实体经济。习近平总书记强调，"不论经济发展到什么时候，实体经济都是我国经济发展、我们在国际经济竞争中赢得主动的根基"[2]"建设现代化经济体系，必须把发展经济的着力点放在实体经济上，把提高供给体系质量作为主攻方向，显著增强我国经济质量优势"[3]。这些重要论述回答了新时代如何看待和

---

[1] 习近平：《高举中国特色社会主义伟大旗帜　为全面建设社会主义现代化国家而团结奋斗——在中国共产党第二十次全国代表大会上的报告》，人民出版社2022年版，第30页。

[2] 中共中央文献研究室编：《习近平关于社会主义经济建设论述摘编》，中央文献出版社2017年版，第116页。

[3] 《习近平谈治国理政》第三卷，外文出版社2020年版，第24页。

发展实体经济等一系列重大问题，为巩固壮大实体经济提供了科学理论指导和实践遵循。

实体兴，国家强。我国经济是靠实体经济起家的，也要靠实体经济走向未来。深入理解实体经济在我国发展中的基础性地位以及对现代化建设的重要意义，需要深刻把握以实体经济为着力点建设现代化产业体系的内在逻辑。

从理论逻辑看，马克思主义认为，物质资料的生产是人类社会存在和发展的基础。实体经济以满足人类需要的物质资料为目的，是社会生产力的直接体现，也是人类生存和发展的基础。一方面，只有不断发展壮大实体经济，才能更好地解放和发展生产力，建设现代化产业体系，推进现代化建设。另一方面，只有实体经济得到了充分、持续、高水平的发展，才能更好地满足人们的各类物质精神生活需要，提供更多就业机会，维护社会长期稳定。

从实践逻辑看，我国经济已由高速增长阶段转向高质量发展阶段。必须始终高度重视发展壮大实体经济，夯实高质量发展的根基。需要看到的是，实体经济与建设现代化产业体系的目标与要求相比，仍然存在一些问题。如：中国制造在基础研究能力、自主创新能力、资源利用效率、信息化程度等方面，与发达国家相比还有差距；实体经济供给结构尚难以满足日益升级的多层次、高品质、多样化消费需求结构的变化；等等。同时，还要坚决克服经济"脱实向虚"的倾向。习近平总书记强调，"我国是个大国，必须发展实体经济，不断推进工业现代化、提高制造业水平，不能脱实向虚"[1]"要吸取一些西方国家经济'脱实向虚'的教训，不断壮大实体经济"[2]。当前，世纪疫情影响深远，逆全球化思潮抬头，单边主义、保护主义明显上升，世界经济复苏乏力，局部冲突和动荡频发，全球性问题加剧，世界进入新的动荡变革期，来自外部的打压遏制随时可能升级。我国发展进入战略机遇和风

---

[1] 《扎实推动经济社会持续健康发展 以优异成绩迎接党的十九大胜利召开》，《人民日报》2017年4月22日。

[2] 《习近平谈治国理政》第四卷，外文出版社2022年版，第210页。

险挑战并存、不确定难预料因素增多的时期。唯有不断发展壮大实体经济，才能站稳脚跟，增强经济韧性，有力应对各种风险挑战，确保中国经济航船乘风破浪、行稳致远。

二、重点任务

党的二十大报告提出了到 2035 年我国发展的总体目标，包括"建成现代化经济体系，形成新发展格局，基本实现新型工业化、信息化、城镇化、农业现代化"等，并对建设现代化产业体系作出重要部署。以实体经济为着力点建设现代化产业体系，就要找准重点任务。

一是加快建设制造强国，推动传统产业转型升级。习近平总书记指出，要深刻把握发展的阶段性新特征新要求，坚持把做实做强做优实体经济作为主攻方向，一手抓传统产业转型升级，一手抓战略性新兴产业发展壮大，推动制造业加速向数字化、网络化、智能化发展，提高产业链供应链稳定性和现代化水平。这为我国加快向制造强国转变指明了方向。一方面，要统筹实施产业基础再造工程和重大技术装备攻关工程，完善促进新型工业化的体制机制和政策环境。另一方面，要推动我国传统产业不断向中高端迈进，提升传统产业领域创新主体的创新能力，加强统筹规划、合理布局。

二是推动战略性新兴产业融合集群发展，构筑实体经济竞争新优势。战略性新兴产业是培育发展新动能的关键领域，对我国形成新的竞争优势和实现跨越式发展至关重要。一方面，要在关系国家安全的领域和节点构建自主可控、安全可靠的国内生产供应体系，巩固提升我国优势产业的国际领先地位。另一方面，要坚持开放融合发展，加快构建壮大新一代信息技术、人工智能、生物技术、新能源、新材料、高端装备、绿色环保等一批新的增长引擎，着力培育新的增长点。

三是推动现代服务业同先进制造业、现代农业深度融合，提升现代服务业综合竞争力。引导先进制造业企业向附加值高的服务环节延伸，支持服务业企业向先进制造领域拓展，探索现代服务业同制造业融合发展路径。加快发展农业生产性服务业，积极发展智能农业、精准农业等新兴业态，健全农业社会化服务体系。完善体制机制、优化发展环境，为现代服务业发展提供更多金融支持，结合生产性服务业和生活性服务业特点提供更具针对性的支持政策。

四是加快发展数字经济，促进数字经济与实体经济深度融合。提升我国数字技术基础研发能力，加快推动数字产业化，通过产业间的关联作用壮大数字经济；激活数据要素及相关市场，探索数据要素高效配置、安全流通和应用机制，建设国家数据统一共享开放平台；进一步规范数字经济发展，建立健全市场准入制度、公平竞争审查制度、公平竞争监管制度，把握数字经济发展规律，健全法律法规；以数字技术为依托加快推动传统实体经济数字化改造，增强实体经济核心竞争力。

五是优化基础设施建设，构建现代化基础设施体系。一方面，优化基础设施布局、结构、功能和发展模式，强化基础设施对国土空间开发保护、国家重大战略等的支撑，适度超前布局引领产业发展和维护国家安全的基础设施。另一方面，推进新型基础设施建设，加快 5G 网络建设，打造全面互联互通的工业互联网，推动大型数据中心建设优化布局、小微型数据中心升级改造，加快建设国家级产业创新中心，不断完善技术开发设施体系，培育丰富应用场景，推动云计算、大数据、人工智能等技术创新和融合应用，打造未来发展新优势。

[作者系中央党校（国家行政学院）习近平新时代中国特色社会主义思想研究中心研究员郭威；该文原载于 2022 年 12 月 8 日《经济日报》]

在融合和重塑中推动实体经济创新发展

促进数字经济和实体经济深度融合，是新一轮科技革命和产业变革大势所趋，也是推动我国经济高质量发展的重要抓手。党的二十大报告作出了"加快发展数字经济，促进数字经济和实体经济深度融合"的战略部署。在新形势下，我们要基于时代特征和当前产业发展态势，对实体经济和数字经济的关系进行重新认识和定位，促进数字经济和实体经济深度融合，大力推动实体经济创新发展。

一、数实融合是把握新机遇的战略选择

当前，我国发展环境正经历深刻复杂的变化，实体经济面临结构优化和动能转换的重大课题。随着数字经济和实体经济深度融合过程的逐渐加快，呈现出产业链、价值链、供应链互相嵌入、相互依存的状态。数字经济和实体经济深度融合，是实体经济转型升级过程中应时而生的一种新形态，是把握新一轮科技革命和产业变革机遇的战略选择。

数字经济和实体经济深度融合，有助于促进经济高水平循环流转。当前，国内大循环的痛点在于内需循环不畅，有效供给明显不足。由于生产函数中知识、技术、数据、管理等新要素的贡献越来越大，供应链离散冗长且环环相扣，企业推动自身产业结构调整和产品结构升级的复杂性增加，生产体系内部循环不畅现象越发明显。与此同时，云计算、大数据、人工智能、物联网、移动互联网等新技术已经显示出巨大的变革潜力。推动数字经济和

实体经济深度融合，有利于发挥数据作为新型生产要素的重要作用，推动各类生产要素快捷流动、各类市场主体加速融合，从而实现供需对接、跨界发展，推动实体经济生产方式变革。

经过多年发展，我国在新型生产要素供给方面已经有了较强的能力储备。我国的传感器、机器人、数控机床等领域更加智能化、精准化，具备了大规模应用的基础；数字经济规模居世界第二位，数字技术逐渐成熟，达到了生产活动对高精准性的要求；数字经济和人工智能等领域创业创新活跃，拥有一大批细分行业领军企业。消费互联网的发展不仅孕育出了一批世界级的平台企业，更积累了海量电商、社交数据，为产业升级打下了重要的数据基础。整体上看，围绕"数据中台"的云数生态布局已全面铺开，我国实体经济规模大、产业门类齐全、产业层次多样的特点，亦为数字技术的渗透提供了巨大市场空间和丰富应用场景。

二、数实融合为发展注入强劲动力

数字经济和实体经济深度融合的创新形态，是指基于数字技术，以数据、知识为主要生产要素，以互联网平台为载体，高效协调生产、分配、流通、消费各个环节，全面贯通多产业、多业务、多场景的新经济形态，实现了数字技术从松散联结到实体嵌入，使供需衔接更加顺畅、供应链各方响应更加高效，在关键生产要素、生产组织方式、服务提供方式和经营管理模式等方面均实现了创新。

数字经济和实体经济深度融合，主要依靠新要素驱动。数字经济和实体经济深度融合的创新形态，以互联网、大数据、云计算、人工智能等数字技术为基座，以数据和知识作为主要投入，将创新应用作为发展基石，体现为新型生产要素对传统生产要素的替代。依托以互联网平台为核心的数字技术和产业体系，数字经济和实体经济深度融合致力于整合数据、技术和生产性服务等资源，重构供应链、重塑组织模式，实现装备、产品、技术、工艺等方面的创新突破。通过高效的互联网、物联网系统收集市场主体信息，并将消费领域同产业领域的数据打通，形成从产品研发设计到用户体验的全生命周期的数据贯通，并依据产业链供应链上下游企业动态，灵活调整产品品类、优化产能，对市场需求变化作出敏捷反应。

数字经济和实体经济深度融合，着眼于全链条协同。数字经济和实体经济深度融合并非着眼于单一环节或者单一流程的数字化，而是着眼于科技对全链条、全流程整体的赋能、改造和提升。数字经济和实体经济深度融合的创新形态，建立在全产业链资源优化配置、各环节泛在互联贯通的基础上，致力于实现横向和纵向的高度融合，推动各方协同构建应用生态。从研发设计、工艺生成、物料供应、生产制造、测试交付到经营管理、市场服务，各个环节不但具有较高的数字化应用水平，而且全链条高效协同；在实时进行大数据汇总分析的基础上，不断完善产品功能设计，提高生产性服务的目标指向性。数字经济和实体经济深度融合致力于提升供给体系对需求的适配性，通过集聚庞大供给主体和个性化需求表达，畅通供需循环，形成良好的产业生态。随着各环节主体协同度的持续加深，供应链、产业链由传统的上下游线性关联转变为网络化交互协作，从而实现跨地域、跨领域、多主体的共竞共生。

数字经济和实体经济深度融合，推动生产性服务平台化发展。实体经济获取生产性服务特别是数字化服务的难点，主要体现为成本高、缺人才、变化快。数字经济和实体经济的深度融合，使得生产性服务业日益互联网化，由平台整合提供从低代码简单系统到复杂应用系统的趋势越发明显。平台聚合了众多生产性服务厂商，日益形成以平台为中心、生产性服务厂商围绕的生态圈，为生产性服务的发展提供助力。多样化生产性服务厂商借助平台提供的应用程序编程接口进行能力调用，实现可生长、可自由定义并搭建的生产性服务柔性供给和快速低成本试错，帮助企业更好适应竞争环境。数字经济和实体经济深度融合，有利于推动生产和销售场景同多元化生产性服务的精准匹配，解决了需求全面化与生产性服务碎片化之间的矛盾。

数字经济和实体经济深度融合，有利于形成高效率沟通。沟通变革是实体经济步入同数字经济深度融合时期的内生需求。数字经济和实体经济深度融合的创新形态，依托互联网平台上的信息自由传导与高效沟通，推动了不同市场主体之间的广泛互联，促成了企业内部组织模式的"去中心化"创新，信息也不再是单向的线性流动模式，而是多向的网络流动模式。而依托网链结合的联系结构，企业的供应链管理和营销组织方式得以重塑，企业从管理者转变为资源提供平台，帮助内部主体基于产业生态系统获取价值，在实现组织机制激活和创新环境营造的同时，推动各类资源要素快捷流动、带动大中小各类市场主体相互融通。

总之，实现数字经济和实体经济的深度融合，是我国经济高质量发展的重要动力所在。面向未来，我们要加快推进数据要素市场化建设，从新型基础设施保障、加强关键核心技术攻关、提供投融资支持、强化示范引领、提供人才保障等多方面，协同推进数字产业化和产业数字化，促进数字技术和实体经济深度融合，从而为高质量发展注入强劲动能。

（作者系中国社会科学院习近平新时代中国特色社会主义思想研究中心研究员刘奕、夏杰长；该文原载于 2023 年 1 月 10 日《经济日报》）

大力发展制造业和实体经济

大力发展制造业和实体经济，是习近平经济思想的重要内容。党的十八大以来，习近平总书记深刻把握世界百年未有之大变局，立足对我国经济发展阶段性特征的深刻认识，提出"必须始终高度重视发展壮大实体经济，抓实体经济一定要抓好制造业"[①]"制造业高质量发展是我国经济高质量发展的重中之重，建设社会主义现代化强国、发展壮大实体经济，都离不开制造业"[②] 等一系列重要论述，深入回答了为什么要大力发展制造业和实体经济、怎样发展制造业和实体经济的理论和实践问题，对于明确我国经济发展的主要着力点、推动经济高质量发展，具有十分重要的理论意义和现实意义。

一、国家强大要靠实体经济

世界经济发展史表明，制造业兴，则经济兴、国家强；制造业衰，则经济衰、国家弱。习近平总书记关于大力发展制造业和实体经济的重要论述，具有深刻的历史逻辑，是经济发展内在规律的反映。

马克思主义认为，人类必须首先满足吃、穿、住等基本生存需要，然

---

① 《深入学习贯彻党的十九大精神　紧扣新时代要求推动改革发展》，《人民日报》2017年12月14日。

② 《解放思想深化改革凝心聚力担当实干　建设新时代中国特色社会主义壮美广西》，《人民日报》2021年4月28日。

后才能从事政治、科学、艺术等其他活动，物质资料的生产是人类社会存在和发展的基础。实体经济以物质生产活动为主，直接创造物质财富，为满足人们物质生活需要和精神生活需要提供物质保障。大力发展制造业和实体经济，有利于增加社会财富，更好满足人们物质生活和精神生活需要；有利于提供更多就业岗位和解决更多人口就业，维护社会稳定；有利于增加政府财政收入和满足公共需要，保障社会福利和公共安全；有利于营造鼓励脚踏实地、勤劳创业、实业致富的社会氛围，引导人们树立正确的价值观、致富观和幸福观。习近平总书记强调，"实体经济是一国经济的立身之本，是财富创造的根本源泉"[1]"实体经济是我国发展的本钱，是构筑未来发展战略优势的重要支撑"[2]"坚持把经济发展的着力点放在实体经济上"[3]。

历史和现实表明，国家要提高竞争力，要靠实体经济。习近平总书记指出，"不论经济发展到什么时候，实体经济都是我国经济发展、我们在国际经济竞争中赢得主动的根基"[4]。随着新一轮科技革命和产业变革的蓬勃兴起，数字技术、智能技术和制造业深度融合，引发影响深远的产业革命，形成新的生产方式、产业形态、商业模式和经济增长点。可以说，谁抢占了制造业数字化智能化的制高点，谁就能率先步入制造业发展快车道，形成强大竞争力。我们必须抓住机遇，顺应数字技术与实体经济融合的大趋势，大力发展制造业和实体经济，不断提升我国经济竞争力。

实体经济是大国的根基，从大国到强国，实体经济发展至关重要，任何时候都不能"脱实向虚"。习近平总书记强调，"一个国家一定要有正确的战略选择，我国是个大国，必须发展实体经济，不断推进工业现代化、提高制

---

① 《习近平谈治国理政》第三卷，外文出版社 2020 年版，第 242 页。

② 《坚定信心埋头苦干奋勇争先　谱写新时代中原更加出彩的绚丽篇章》，《人民日报》2019 年 9 月 19 日。

③ 习近平：《论把握新发展阶段、贯彻新发展理念、构建新发展格局》，中央文献出版社 2021 年版，第 442 页。

④ 中共中央文献研究室编：《习近平关于社会主义经济建设论述摘编》，中央文献出版社 2017 年版，第 116 页。

造业水平，不能脱实向虚"①"要吸取一些西方国家经济'脱实向虚'的教训，不断壮大实体经济"②。从世界历史来看，18 世纪 60 年代，第一次工业革命拉开了人类进入工业化时代的序幕。工业化是制造业形成并在国民经济中占主导地位的过程，极大提升了人类物质财富生产能力，有力改变了人类的生产和生活方式。从 18 世纪 60 年代到 20 世纪 70 年代初，一些资本主义国家相继完成工业革命，率先进入工业化时代。凭借着强大的制造业，西方主导了国际分工和全球经济大循环，成为工业化和现代化的样板。但是，大约到了 20 世纪 70 年代，一些西方资本主义工业国开始去工业化，制造业在国民经济中的地位下降。值得注意的是，去工业化导致了严重后果。如：产业空心化，经济增速低迷，虚拟经济与实体经济脱节，贫富差距不断扩大，货物贸易赤字剧增，等等。从一定意义上讲，去工业化是导致 2008 年国际金融危机的深层经济原因之一。西方去工业化的教训极为深刻，发人深省。我国是拥有 14 亿多人口的大国，要实现强国目标，经济发展的着力点必须放在大力发展制造业和实体经济上。

二、壮大实体经济要大力发展制造业

制造业是立国之本、强国之基，是实体经济的重要组成部分。经过新中国成立 70 多年来特别是改革开放 40 多年来的努力奋斗，我国制造业发展取得举世瞩目的成就。我国是全世界唯一拥有联合国产业分类中全部工业门类的国家，制造业规模居全球首位。以强大制造能力为基础，我国商品在全球贸易市场中的份额不断提升，成为制造业第一大国、货物贸易第一大国。我国经济实力不断增强，2021 年国内生产总值达到 114 万亿元，占全球经济的比重由 2012 年 11.4%上升到 18%以上，我国作为世界第二大经济体的地

---

① 《扎实推动经济社会持续健康发展　以优异成绩迎接党的十九大胜利召开》，《人民日报》
　　2017 年 4 月 22 日。
② 《习近平谈治国理政》第四卷，外文出版社 2022 年版，第 210 页。

位得到巩固提升，人均国内生产总值达到 1.25 万美元。我国用几十年时间走完了发达国家几百年走过的工业化历程，制造业和实体经济发展所取得的巨大成就，有力支撑了我国经济快速发展、综合国力不断提高、人民生活不断改善。

同时还要看到，随着我国发展内外部环境发生深刻复杂变化，制造业发展面临一些新情况新问题。如：低端产能过剩、高端产能不足，供给体系与高品质需求不匹配；生产要素价格不断上升，比较优势减弱，制造业外流压力增大；制造业盈利水平下降，脱实向虚倾向显现；自主创新能力不够强，关键核心技术"卡脖子"问题突出；国际上保护主义、单边主义抬头，市场和资源两头在外的国际大循环动能明显减弱；等等。这些情况和问题的出现，严重影响我国制造业优势的保持和发挥，制约我国经济竞争力的进一步提升，必须高度重视。

三、坚持制造业高质量发展目标

党的十八大以来，以习近平同志为核心的党中央高度重视制造业和实体经济发展。习近平经济思想有关大力发展制造业和实体经济的重要内容，为推动我国制造业高质量发展提供了遵循、明确了目标。

加快发展先进制造业。我国实体经济的主体部分是传统制造业。在数字经济时代，推动制造业高质量发展，必须用智能技术和数字技术对传统制造业进行改造，加快发展先进制造业。为此，要加快大数据、云计算、物联网应用，以新技术新业态新模式推动传统产业生产、管理和营销模式变革。要把发展智能制造作为主攻方向，推进国家智能制造示范区、制造业创新中心建设，推动中国制造向中高端迈进。要强化高端产业引领功能，坚持现代服务业为主体、先进制造业为支撑的战略定位，努力掌握产业链核心环节、占据价值链高端地位。要打造一批具有国际竞争力的先进制造业集群，把产业链关键环节的"根"留在国内，确保制造业高质量发展。

发展战略性新兴产业。战略性新兴产业是培育发展新动能、获取未来竞争新优势的关键领域，具有先导性和支柱性。目前，我国战略性新兴产业发展很快，新能源汽车、工业机器人等产业发展位居世界前列，应在保持领先地位的基础上进一步做强做优。要加快壮大新一代信息技术、生物技术、新能源、新材料、高端装备、绿色环保以及航空航天、海洋装备等产业，做大做强产业集群，着力壮大新增长点、形成发展新动能。

提升产业基础能力和产业链现代化水平。产业基础能力是产业链现代化水平的支撑，产业链现代化水平是产业基础能力的体现，两者能够为推动制造业高质量发展共同发挥作用。为此，要加强关键核心技术和重要产品工程化攻关，发展先进适用技术，强化共性技术供给，加快科技成果转化和产业化，在核心基础元器件、关键基础材料、基础工艺、工业软件、创新环境建构等方面实现突破，大力提升产业基础能力，为提高产业链现代化水平奠定坚实基础。要在夯实产业基础能力的前提下锻造产业链供应链长板、增强产品和服务质量标准供给能力、补齐产业链供应链短板、促进大中小企业协同发展，不断增强产业链配套水平、供应链效率和控制力、价值创造能力等综合竞争力，切实提高产业链现代化水平。

促进数字经济和实体经济融合发展。发展数字经济是把握新一轮科技革命和产业变革新机遇的战略选择，是新一轮国际竞争重点领域，我们一定要抓住先机、抢占未来发展制高点。要推动数字产业化和产业数字化，赋能传统产业转型升级，催生新产业新业态新模式。要把握数字化、网络化、智能化方向，以信息化、智能化为杠杆培育新动能。要以信息流带动技术流、资金流、人才流、物资流，促进资源配置优化，在推动创新发展、转变经济发展方式、调整经济结构等方面发挥积极作用。

加快建设现代化基础设施体系。推动制造业高质量发展，离不开基础设施的强有力支撑。要提高基础设施的系统完备性，统筹推进传统与新型基础设施发展，优化基础设施布局、结构和功能，构建系统完备、高效实用、智能绿色、安全可靠的现代化基础设施体系，实现经济效益、社会效益、生态效益、安全效益相统一。要加快5G网络、数据中心、人工智能、工业互联网、物联网等新型基础设施建设，提升传统基础设施智能化水平，加快推进新一代信息技术和制造业融合发展，加快工业互联网创新发展，夯实融合发展的基础支撑。

四、走制造业高质量发展之路

习近平经济思想内涵丰富，不仅指明了我国制造业高质量发展的方向，也为大力发展制造业和实体经济提出了具体路径，具有很强的针对性和指导性。

其一，深化供给侧结构性改革。供给侧结构性改革是针对我国经济发展面临的"四降一升"问题，即经济增速下降、工业品价格下降、实体企业盈利下降、财政收入下降、经济风险发生概率上升所采取的重大举措，重点是改善供给结构，促进产能过剩有效化解，促进产业优化重组，降低企业成本，发展战略性新兴产业和现代服务业，增加公共产品和服务供给，提高供给结构对需求变化的适应性和灵活性。在推进供给侧结构性改革的同时加强需求侧管理，有助于形成需求牵引供给、供给创造需求的更高水平动态平衡，也有助于提升产业链供应链现代化水平。

其二，实施创新驱动发展战略。党中央实施创新驱动发展战略，重视自主创新和创新环境建设，努力提升我国产业水平和实力，推动我国从经济大国、制造大国向经济强国、制造强国转变，有助于解决我国制造业和实体经济面临的自主创新能力不强、企业盈利水平不高等问题。着力发挥科技创新在推动制造业高质量发展中的重要作用，就要强化基础研究和共性关键技术研究，增强制造业自主创新能力；实施好关键核心技术攻关工程，尽快解决"卡脖子"问题，提升产业链水平，增强产业链供应链自主可控能力；推动传统制造业数字化、智能化发展，重塑制造业竞争优势；着力发挥企业的创新主体作用，使企业真正成为技术创新决策、研发投入、科研组织、成果转化的主体。

其三，增强金融服务实体经济能力。这对于解决金融和实体经济失衡、防控金融风险、防止"脱实向虚"，具有重要意义。习近平总书记指出："金融是实体经济的血脉，为实体经济服务是金融的天职，是金融的宗旨，也是防范金融风险的根本举措。"①要加快金融体制改革，让金融更好服务实体经济。要优化融资结构和金融机构体系、市场体系、产品体系，为实体经济提供更高质量、更有效率的服务。要引导金融机构把更多资源投向实体经济重点领域，满足制造业高质量发展对金融服务的需求。

其四，促进产业在国内有序转移。当前，世界百年变局叠加世纪疫情，全球产业链供应链加速重构，我国产业体系完整性和产业链安全稳定面临较大挑战。促进产业在国内有序转移，有助于化解产业安全面临的风险，重点在于发挥各地产业优势，保障产业链安全稳定。要加强产业链供应链上下游对接合作、区域间产业转移合作、科技成果跨区域转移合作；结合不同产业的特性和发展阶段，引导其向符合发展条件的地区转移；从各地区的区位条件和资源禀赋出发选择产业承接重点，确保产业优势得到充分发挥。通过产业有序转移，能够有效促进资源要素有序流动，确保产业链供应链完整，区域合理分工、协同发展。

其五，保持制造业比重基本稳定。重点是要巩固和壮大实体经济根基，维护和增强制造业竞争优势。要积极推动制造业企业加大技术改造投资力度，支持制造业企业瞄准国际同行业标杆全面提高产品技术、工艺装备、能效环保等水平；加大对制造业企业转型升级扶持力度，切实推动制造业企业从劳动密集型向技术密集型转变，增强核心竞争力；加强金融监管，建立金融有效服务制造业的体制机制；加强区域制造业布局，统筹不同地区制造业协调发展，推动产业在国内有序转移。同时，还要着力提高引资质量，并持

---

① 《习近平谈治国理政》第二卷，外文出版社 2017 年版，第 279 页。

续优化营商环境，打造统一开放、竞争有序的市场体系，为外国企业来华投资兴业提供更好保障。

（作者系南开大学经济学院教授、教育部习近平新时代中国特色社会主义思想研究中心特约研究员何自力；该文原载于 2022 年 9 月 27 日《经济日报》）

推动先进制造业现代服务业深度融合

先进制造业和现代服务业融合是顺应新一轮科技革命和产业变革，以及增强制造业核心竞争力、培育现代产业体系、实现高质量发展的重要途径。近年来，我国先进制造业和现代服务业融合程度不断加深、趋势不断增强，许多行业企业探索形成了各具特色的融合发展模式。但目前来看，产业融合发展的范围不够广、程度不够深、水平不够高，支撑引领经济高质量发展的作用还不明显。今后一个时期，要深刻把握产业融合的规律和趋势，坚持改革创新，围绕重点行业和领域，培育多元化融合发展主体，探索特色融合发展路径，促进制造业高质量发展和服务业提质增效升级。

一、深刻认识产业融合内涵

随着信息技术的发展和扩散，一些基于工业经济时代大规模专业化分工的产业，边界逐渐模糊或消融，并在原有的产业边界融合发展出新的产业形态，成为经济增长和企业价值增长新的动力源泉。一般认为，这就是产业融合。产业融合是建立在高度专业化分工基础之上的，其实质是产业间分工的内部化，即把社会化分工转化为产业内部分工。专业化分工深化细化是产业融合的基础和前提。

先进制造业和现代服务业是相对于传统制造业和传统服务业而言的，是深度应用现代化技术、管理、模式的制造业和服务业。目前的传统制造业和服务业经过技术改造和管理创新后，也可能演进升级为先进制造业和现代服务业。先进制造业和现代服务业融合是受技术进步、市场开放和制度创新驱动，通过技术渗透、产业联动、链条延伸、内部重组等途径，打破原有产业边界、促进产业交叉融合、育成新业态新模式，实现制造业和服务业相互支撑、高效协同、融合互动的动态过程，最终推动产业提质增效升级。

先进制造业和现代服务业融合发展随着科技革命和产业变革不断演进、升级，是一个主体多元、路径多样、模式各异、动态变化、快速迭代的过程。这个过程既包括先进制造业和现代服务业相互渗透和互动、嵌入彼此产业链价值链体系，从而形成紧密关系，也包括制造业和服务业融为一体，形成新产业新业态。从要素层面看，服务特别是生产性服务作为制造业中间投入要素的比重不断提高，服务业在整个产业链、价值链中创造的产出和价值不断提高；从技术层面看，技术创新是先进制造业和现代服务业融合发展的重要基础和前提条件，特别是新一代信息技术、人工智能等应用加速了产业融合进程，催生出众多融合新业态；从企业层面看，企业转型升级步伐加快、路径增多，一些制造业企业转型为"制造＋服务"或服务型企业，一些服务业企业向制造环节延伸；从产业层面看，制造业、服务业的专业化水平不断提高，同时也会产生两者融为一体的新产业。

二、关注融合发展难点问题

近年来，我国先进制造业和现代服务业融合程度持续加深、趋势持续增强。但是，一些问题也值得关注。

一是生产性服务业发展相对滞后，影响产业融合进程。发达国家的制造业和服务业融合起步较早、水平较高。发达国家的产业结构普遍存在"两个70%"现象，即服务业占 GDP 的 70%、生产性服务业占服务业的 70%，发达的生产性服务业为现代产业体系提供了强大支撑。我国已成为世界第一制造业大国，但还不是制造强国，制造业创新能力还不够强、质量效益还不够高，其中一个重要原因就是生产性服务业发展尚不充分。

二是融合发展的范围不够广、程度不够深、水平不够高。从范围看，尽管我国一些行业龙头、骨干企业在融合发展上初见成效，但量大面广的中小企业鲜有突破，装备制造、家电等行业的融合发展起步较早，其他行业则相对滞后；从程度看，一些企业已经开展设计、采购、建造、系统集成等总承包业务，但提供优质、高效整体解决方案的能力还不强，存在核心技术缺乏、品牌影响力弱、服务增值带来的营业收入占比不高等问题；从水平看，一些领域融合发展主要是沿袭或模仿发达国家、跨国企业的既有模式，创新性和灵活性不够，难以适应新的客户需求和市场形势变化。

三是企业间、产业间的协同性还不强，融合发展效益没有充分释放。具体来看，许多企业缺乏外包非核心业务、专注打造核心竞争力的意识，生产经营涉及领域众多、专业化不强，难以与上下游企业形成有效的分工协作机制，导致核心竞争力弱。一方面，融合发展新业态总体规模较小，局限于领先企业的先行探索，还没有快速成长为推动发展动能转换和结构转型的重要力量；另一方面，行业的效益效率不高，融合发展还没有形成推动企业向价值链中高端攀升的力量。

以上这些问题，既源于长期以来形成的路径依赖和分工格局难以在短期内改变，也存在现有体制机制难以适应先进制造业和现代服务业融合发展进程的因素。一些行业、企业需改变"服务内置化"的封闭发展路径，积极探索新的生产经营模式。同时，也要着力解决一些行业管理方式滞后、政策不配套、标准不健全、数据不开放等难点问题，在公共数据获取、数据确权和交易、数据安全等方面加快完善制度保障，为产业融合提供良好条件。

三、瞄准融合发展重点方向

"十四五"时期，要立足新发展阶段、贯彻新发展理念、构建新发展格局、推动高质量发展，把握产业融合发展趋势，围绕重点领域和关键环节，培育融合发展主体，探索融合发展路径，发展融合新业态新模式，创新体制机制，激发企业融合发展内生动力，实现先进制造业和现代服务业协同互促与深度融合，为制造强国建设和经济高质量发展提供有力支撑。

一是打造多元化融合发展主体。企业是融合发展主体，需强化企业主体地位，支持企业通过多种方式实现对资源要素、技术研发和市场开发的有效整合，同时注重发挥平台型组织、产业集群的重要作用。既要支持链主企业带动产业链上下游企业分工协作与联动融通，实现资源、要素、产能、市场的深度整合与共用共享，又要强化行业领军企业的示范引领作用，支持融合基础条件好、技术模式领先的企业在产业融合的方向、路径、模式上先行先试，形成推广一批融合发展效果好、转型升级效应强的经验做法，还要完善平台型组织的综合服务功能，积极培育融合平台型企业，引导优势企业和上下游企业、关联企业围绕核心业务和产品共建业务信息平台、交互研发设计平台、供应链管理平台、工业云平台等，形成融合共生的产业生态圈。

二是积极探索重点行业的融合发展路径。我国制造业门类齐全，服务业业态众多，产业融合发展是一个双向的过程，既包括制造业向后端延伸的服务化，也包括服务业反向延伸的制造化，必须突出重点行业，根据行业特点，探索适合的融合发展路径。具体来看，可加快原材料行业和服务业融合步伐，从研发设计到生产制造各个环节对接下游企业，加快原材料行业从提供原料产品向提供原料和工业服务解决方案转变；推动消费品行业和服务业深度融合，适应消费结构升级趋势和居民多样化、个性化、品质化需求，推动创新设计、市场营销、品牌管理、售后服务等环节变革；提升装备制造业和服务业融合水平，发展系统集成、工程总包、远程维护等服务，拓展增长空间；推进制造业和互联网融合发展，引导电信运营企业、互联网企业等积极转型，发展面向重点行业和区域的工业互联网平台；强化研发设计服务与制造业融合发展，采用新技术、新材料、新工艺、新装备、新模式，通过研发设计提升制造业产品的绿色化、智能化、品牌化水平；推进物流服务与生产制造无缝对接，推动制造业借助现代供应链开展资源整合和流程优化，实现供需精准匹配，降低实体经济成本，提升制造业运行效率。

　　三是培育融合发展的新业态新模式。先进制造业和现代服务业深度融合利用了现代信息技术和新型组织模式，能催生许多新业态新模式。从趋势看，共享工厂、柔性化定制、反向制造等具有很大发展前景。可依托完整工业体系和强大生产能力，面向中小企业，建立共享生产平台，推广共享工厂模式，推进厂房、设备、人才等资源整合，既能提升产能利用水平，又能节省生产投入成本；可支持企业增强柔性制造能力，将用户需求直接转化为生产订单，实现以用户为中心的个性定制与按需生产；可发展服务反向制造，鼓励服务业企业通过品牌授权、贴牌生产、连锁经营等方式嵌入制造业企业，拓展产业增长空间和增值能力；还可以推进文化旅游与制造业深度融合，支持有条件的工业企业、园区和历史遗迹通过挖掘文化底蕴、丰富品牌内涵、优化工厂设计，打造集生产、展示、观光、休闲、科普、购物等于一体的工业旅游景点景区。

　　（作者系中国宏观经济研究院产业经济与技术经济研究所研究员洪群联；该文原载于 2022 年 6 月 14 日《经济日报》）

协同推进服务业开放与服务贸易

党的十八大以来，我国利用自由贸易试验区、服务业扩大开放综合试点等平台加快推进服务业开放。同时，服务贸易创新发展试点建设加速，促进服务贸易发展的政策体系趋于完善。总体上看，服务业开放和服务贸易创新发展相互倚重、互为支撑，有力提升了我国服务业发展水平和国际竞争力。未来，要更加紧密地把服务业开放和服务贸易创新发展结合起来，把服务业开放作为促进服务贸易发展的重要动力，把服务贸易发展水平作为衡量服务业开放成效的重要指标，从理念与战略、体制与政策、平台与项目等方面系统谋划服务业开放与服务贸易发展一体化的路径，形成协同发展的良好局面。

一、服务业开放与服务贸易发展互为支撑

从我国推动服务业开放和服务贸易发展的经验看，服务业开放和服务贸易发展是相互倚重、互为支撑的关系。

一方面，服务业开放为服务贸易发展提供强大动能。服务业开放包括市场开放、要素开放和制度开放三个层次。市场开放是服务贸易发展的基本前提，合理取消或放宽国外服务产品和服务市场主体进入我国市场的限制，有利于扩大跨境服务贸易规模、增强国内服务市场对服务领域跨国公司的吸引力。要素开放是服务贸易发展的重要支撑，资金、技术、人员、数据等生产要素的跨境流动，不仅是跨境服务贸易的必要配套，也是跨境服务贸易的重

要内容。制度开放是服务贸易发展的重要保障，加快国内制度规则与国际接轨，可以进一步优化服务贸易营商环境，减少服务贸易制度性成本。

另一方面，服务贸易发展水平是衡量服务业开放成效的重要指标。服务业开放度可分为名义开放度和实际开放度。名义开放度更多从市场准入等政策制度的自由化、便利化角度来衡量，实际开放度更多从服务贸易和服务业投资等实际产生的经济活动效果来衡量，即服务业开放带来了多少贸易和投资规模，在多大程度上促进了经济和就业增长，等等。因此，服务业开放效果如何，要看服务贸易的发展成效怎么样，主要包括跨境服务贸易和商业存在模式服务贸易发展情况，即服务业利用外资和重大服务贸易项目落地等情况。

二、协同发展取得积极进展

近年来，服务业开放取得重要进展，为我国服务贸易发展提供了重要动力。

在自由贸易试验区服务业开放方面，2013 年至 2021 年，自由贸易试验区外商投资准入特别管理措施（负面清单）由 190 条缩减至 27 条，其中涉及服务业领域的特别管理措施大幅缩减，有力提高了商业存在模式服务贸易的市场准入水平。目前，自由贸易试验区跨境服务贸易负面清单也在积极酝酿中。在服务业扩大开放综合试点方面，2015 年以来，北京已经开展三轮服务业扩大开放综合试点，2020 年开始建设国家服务业扩大开放综合示范区；2021 年 4 月，服务业扩大开放综合试点从北京扩围至天津、上海、海南、重庆。在海南自由贸易港服务业开放方面，海南自由贸易港跨境服务贸易特别管理措施（负面清单）推出，这是我国在跨境服务贸易领域公布的第一张负面清单，将为制定自贸试验区版和全国版跨境服务贸易负面清单奠定基础。

服务贸易创新发展试点进入全面深化阶段，与服务业体制机制改革和制度型开放的结合更加紧密。目前，服务贸易创新发展试点地区扩围至 28 个，试点围绕服务贸易改革、开放、创新提出试点任务和具体举措，更加侧重于推进宽领域、高水平服务业开放，更加强调服务业制度型开放，更加凸显服务业改革开放对服务贸易发展的推动作用。

当前，试点地区正在成为服务贸易制度创新高地和服务业开放高地，一批典型经验和案例涉及诸多方面。主要包括：扩大对外开放，积极探索制度型开放新路径；提升便利水平，着力构建有利于服务贸易自由化、便利化的营商环境；创新发展模式，进一步拓展服务贸易新业态新模式；健全促进体系，重点打造面向全球的服务贸易公共服务平台；优化支持政策，持续完善适应服务贸易发展特点的政策体系；等等。

受益于服务业开放和服务贸易创新发展试点工作积极推进，近年来，虽然受到新冠疫情的巨大冲击，我国服务贸易和服务业利用外资仍然保持较强韧性和增长潜力。2021 年，我国服务进出口总额达 52982.7 亿元。其中，服务出口 25435 亿元，增长 31.4%。受益于服务业开放和服务业市场准入的扩大，我国服务业利用外资在受到疫情冲击的情况下仍保持稳定。2021 年全国实际使用外资 11493.6 亿元，其中，服务业实际使用外资 9064.9 亿元，同比增长 16.7%，占比高达 78.9%。

三、进一步发挥协同效应

当前，我国服务业开放与服务贸易创新发展还存在不少问题，尤其是两者的协同效应还有待进一步发挥。比如，名义开放度与实际开放度存在偏差，导致服务贸易持续发展动力不足，部分重大服务贸易项目落地还存在困难；服务业扩大开放综合试点与服务贸易创新发展试点两大平台的联动互促不够，尚未形成以服务业开放促服务贸易发展、以服务贸易发展促开放政策落地的良好局面；服务业开放和服务贸易发展在协同性方面还需进一步加强顶层设计，在体制机制、政策支持等方面需进一步统筹谋划、一体促进、协同推进。

面向未来，要在继续推进服务业扩大开放、全面深化服务贸易创新发展基础上，增强服务业开放与服务贸易发展的协同性，从理念与战略、体制与政策、平台与项目等方面统筹谋划，形成合力。

一是推动理念与战略协同。树立服务业扩大开放与服务贸易创新发展协同推进的理念，要把服务贸易发展水平作为衡量服务业开放成效的重要指标，把服务业开放作为推进服务贸易加快发展的强大动力。在战略导向上要把促进服务贸易发展与推进服务业开放合作相互纳入各自发展体系中，使之互为抓手、相互渗透、融合互促、系统谋划、一体推动。

二是推动体制与政策协同。要更加自觉地把服务业扩大开放综合试点工作与服务贸易创新发展试点工作结合起来，两者的管理机构要强化沟通，两个试点的政策要高效协同。服务业开放政策设计需有针对性地破除制约服务贸易重大项目落地的政策壁垒和体制机制障碍，实现两个试点的协同效应和叠加效应，更好促进我国服务业繁荣发展和服务贸易国际竞争力提升。

三是推动平台与项目协同。在地方层面和企业层面，许多服务业开放平台和服务贸易发展平台高度重叠。建议有条件的地方和企业充分利用政策叠加优势，探索推进全产业链开放、集成式创新、集群式发展的新模式新路径。

（作者系商务部国际贸易经济合作研究院国际服务贸易研究所所长、研究员李俊；该文原载于 2022 年 5 月 23 日《经济日报》）

把握现代服务业和先进制造业战略定位

建设现代产业体系是实现经济高质量发展的重要支撑，现代服务业和先进制造业是现代产业体系的核心部门，其发展水平是衡量一个国家经济社会发达程度的重要标志，是一个国家综合实力、国际竞争力和抗风险能力的集中体现。2019 年 11 月，习近平总书记在上海考察时强调，要强化高端产业引领功能，坚持现代服务业为主体、先进制造业为支撑的战略定位，努力掌握产业链核心环节、占据价值链高端地位。立足新发展阶段，加快建设现代产业体系，需深刻认识服务业与制造业的发展规律，更好把握现代服务业和先进制造业的战略定位。

现代服务业将成为经济增长的主导产业。在不同发展阶段，经济增长的主导产业是不同的。根据一般规律，经济发展的起步阶段，也就是工业化和城镇化快速发展时期，社会的主要需求是解决居民的吃穿住用等物质资料，以及城市和基础设施建设，工业部门特别是制造业是经济增长的主导产业。当工业化和城镇化基本完成后，社会对物质产品的需求基本稳定，对服务的需求持续增长，服务业将成为经济增长的主导产业。其中，现代服务业，即新兴服务业和转型升级后的传统服务业，对经济发展和就业的贡献更加突出。

观察世界主要经济体的发展过程，如果说在经济起飞阶段，经济发展主要表现出"工业化"程度不断加深的特征，那么，在人均 GDP 超过 1 万美元之后，经济发展总体上就表现出"服务化"程度不断加深的特征。一方面，工业部门进一步发展，对生产性服务业的需求增加，包括研发和设计、管理咨询、交通运输服务等；另一方面，生活性服务业发展也需要大量的服务业投入，包括信息通信、金融等。在人均 GDP 超过 1 万美元以后的这个阶段，各国服务业增加值占 GDP 的比重普遍超过 50%，对经济增长发挥着越来越重要的作用。

2021 年，我国人均 GDP 超过 1.2 万美元，常住人口城镇化率达到 64.72%，第三产业增加值占 GDP 的比重达到 53.3%。到 2035 年，我国人均 GDP 将力争达到中等发达国家水平。面向未来，我们要高度重视服务业特别是现代服务业发展，充分发挥其对经济增长和就业等各方面的推动作用。

先进制造业是国际产业竞争的主体，对经济发展起战略支撑作用。人均 GDP 超过 1 万美元后，各国制造业增加值占 GDP 的比重普遍在 30% 以下，但是制造业仍然对经济发展有重要的战略支撑作用。历史一再证明，制造业是立国之本、兴国之器、强国之基。一个国家制造业强，在国际经济体系中的话语权就强；制造业弱，特别是产业存在短板，就有可能面临"卡脖子"难题，甚至经济难以正常运转。特别是先进制造业具有生产规模大、生产技术进步快、受资源条件约束较小等特点，是当前国际竞争的焦点之一。

还要看到，制造业竞争力是决定各国收入水平的核心因素。在一个国家内部，各行业的收入水平总体上围绕着一个锚点上下浮动，这是因为劳动力可以高度流动，如果某个行业收入水平偏低，劳动力就会流出，而高收入的行业则会吸引更多劳动力流入，每个行业的劳动力供需变化会使收入水平相对均衡。各个国家收入水平的锚点主要是制造业，这是因为国际上制造品已经实现高度竞争，如果一个国家制造业竞争力不强而劳动力工资水平过高，则制造品出口会下降、进口会增加，制造业就可能会逐渐萎缩直至工资水平下降到适当水平。相反，制造业竞争力强而劳动力工资水平较低，制造业就会加快发展并带动收入上涨。相比之下，服务业的收入水平并不受产业竞争力的直接影响。因此，虽然一些小规模经济体可以依靠旅游业等产业保持较高收入水平，但总体上看，较大规模经济体的收入水平主要锚定于制造业。

制造业特别是先进制造业的重要地位不言而喻。

服务业高质量发展的关键在于推动产业融合和优化发展环境。在"工业化"阶段，产业发展的一个重要特征是制造业分工越来越细，产业链越来越长，生产环节的分工不断深化成为提高工业生产效率的重要源泉之一。在"服务化"阶段，产业发展也呈现出类似特征，各产业生产环节对服务的需求越来越多、越来越细，服务化转型成为越来越多企业谋求价值增长的选择。对此，要顺应趋势，不断完善体制机制，支持现代服务业和先进制造业融合发展、相互促进。同时也要看到，更好发展服务业，优化发展环境尤为重要。下一阶段，需在服务业对内和对外开放上持续发力，进一步聚焦数字经济、金融服务等领域加速开放探索；为服务业发展提供更多金融支持，鼓励外资更多投向高技术服务业；为生产性服务业和生活性服务业发展提供更多有针对性的政策支持，提高现代服务业就业比重和产值比重，提升产业附加值和国际竞争力。

制造业高质量发展的核心在于提质增效。立足新发展阶段，从制造业对经济发展的战略支撑作用看，制造业高质量发展既要保持一定的规模、实现一定"量"的增长，又要有"质"的持续提升。一是要提升产业基础能力，不断突破一批关键核心技术，加快补足短板。二是要不断增强国际竞争力，在我国收入水平不断增长、劳动力成本进一步提高的情况下，使生产效率提高速度快于劳动力成本提高速度，继续保持和增强国际竞争力。这就要求我们不断增强创新能力，持续为制造业集聚高端生产要素，特别是培育和吸引高素质产业工人，持续降低制度性交易成本，进一步优化有利于公平竞争和优胜劣汰的市场环境。短期内，还要防止生产能力特别是低水平生产能力过快扩张带来的产能过剩和效益低下等问题。

（作者系国务院发展研究中心产业经济研究部副部长、研究员许召元；该文原载于 2022 年 8 月 16 日《经济日报》）

优化制造业要素供给与配置

制造业是经济发展和社会运行所需生产资料和生活资料的主要生产部门，又是国民经济的主体，也是立国之本、强国之基。近年来，我国制造业生产要素发生明显变化。劳动力成本上升、土地供应有所收缩、节能减排约束增强、数据要素应用不足等制约了制造业转型升级和效率提升，制造业表现出要素投入不足和要素回报率相对较低的特征。如何在新发展阶段进一步优化制造业要素供给与配置、推动制造业高质量发展，是需要深入研究的重要课题。

一、要素供给特征发生变化

从劳动力看，供给数量增长趋缓、质量提高。劳动力是各行业发展的首要生产要素。得益于人口基数大，我国就业人口数量较大，但随着人口增长趋缓，人口老龄化趋势逐渐显现。同时，受高等教育普及率上升的影响，我国受过高等教育的劳动力人数快速增长，每年向市场稳定输送高素质劳动力。在总的就业人口中，我国制造业就业规模和占比近年来呈下降趋势。制造业劳动力投入比重下降，劳动力成本不断上升，在倒逼产业转型升级的同时，凸显了劳动力条件变化对制造业发展的约束。

从技术看，全社会研发投入和产出快速增长，制造业自主创新能力大幅跃升。科学技术是制造业实现高质量发展最核心的要素，制造业也是技术创新的主战场，是研发投入最集中、创新最活跃、成果最丰富的产业。近些年

108

来，部分高技术含量的生产性服务业快速发展，但制造业仍然是技术创新的主要产业载体。

从土地看，大中城市土地供应收缩，工业用地占比回落。随着我国工业化和城市化进程不断深入，人口持续向大中城市集中，住宅、工业、商业服务等各类用地需求保持增长，城市建设用地总量增长受到各种因素制约。其中，工业用地价格基本保持稳定，制造业为土地要素支付的成本并没有出现明显上升。未来一个时期，对工业用地的需求不会出现大幅增长，工业用地的供需能够在新的水平上实现动态平衡。

从能源看，制造业能源供需稳步增长，能源结构不断优化、消费占比下降。我国能源供给以煤为主，在碳排放压力逐步增大的情况下，提升可再生能源的使用比例应是一项需要长期坚持的工作。制造业集中了大量高耗能产业，尽管近年来其能源消费占比有所下降，但占全国能源消费总量的比例仍然较高，且对煤炭、石油等化石能源依赖程度高，加快制造业转型升级、提升能源利用效率较为迫切。

从数据看，我国数据要素资源丰富，但在制造业中的应用还处于浅层。随着数字经济快速发展，数据作为新型生产要素，是数字化、网络化、智能化的基础，已快速融入生产、分配、流通、消费和社会服务管理等各个环节。受益于人口数量和产业规模，我国是名副其实的数据资源大国，与算力相关的技术研发和业态创新也在快速发展，庞大的数据要素资源和先进的算力基础设施推动许多产业涌现出新业态新模式。但也要看到，制造业对数据要素的应用尚不充分，对算力的需求主要来自研发、管理、营销等环节，数据要素参与制造业生产并创造更多价值的能力不足，我国数据资源、算力资源和制造业的结合还有待提升。

二、关键是保障供给和优化配置

保障制造业要素供给、优化制造业要素配置，需有明确的政策思路。在要素供给数量方面，需保障制造业基本要素供给稳定，这是保持制造业比重在合理区间的重要基础；在要素配置方面，要加快形成统一要素市场，畅通要素跨行业、跨区域流动，将优化要素配置作为推动制造业转型升级的重要抓手；在要素质量和结构方面，需增强制造业吸引技术、人才、数据等高端要素的能力，在要素供给总量保持基本稳定的情况下，着力改善要素供给结构，为制造业转型升级创造有利条件；在要素利用效率方面，需不断提升传统要素在制造业各部门的经济价值与社会价值转化效率，同时不断创新高端要素在制造业领域实现价值创造的途径和模式，将保障和优化制造业要素供给与配置同实现"双碳"目标相结合，持续提高制造业的能源资源利用效率。

一是推动制造业与服务业深度融合，促进要素资源跨行业综合利用。我国制造业和服务业各有优势和短板，制造业拥有成熟、稳定的生产模式和雄厚的资本、技术、人才积累，服务业特别是新兴服务业具有高成长预期和广阔发展前景，对人才、资本的吸引力大于制造业。推动制造业与服务业融合发展，有助于制造业提升对生产要素的吸引力。对此，要着力破除现存体制机制障碍，转变传统思维模式，加大对制造业与服务业融合发展的政策支持和引导；制造业企业要提升产业分工协作水平，促进要素资源在不同业务部门的优化整合。同时，要将先进制造业和现代服务业作为要素流动和要素共享的重要载体，重点支持高端装备制造、电子信息制造、新能源汽车等先进制造业与软件和信息服务业、金融业、研发设计和科技服务业等现代服务业的深度融合，推动高端要素在制造业与服务业之间顺畅流动，探索更多跨行业共享要素资源的新模式。

二是扩大制造业开放，增强中国制造在全球配置资源要素的能力。制造业要获得高端、优质和稀缺要素，就需更好融入国际循环，用好国内国际两个市场、两种资源。具体来看，可以发挥我国在数字技术、产业和应用上的优势，积极探索打造国际化、数字化的跨境制造网络和要素流动机制；推动基础设施互联互通，促进我国与"一带一路"沿线国家要素顺畅流动。推动国内国际双循环相互促进，促进国内外要素互动，增强制造业发展韧性。

三是强化制造业中高端人才储备，优化制造业就业结构。当前制约制造业发展的主要问题是劳动力成本上升、中高端人才供给不足。要解决这方面的问题，需准确把握新一轮科技革命和产业变革背景下就业发展的特点与趋势，高度重视由技术进步带来的结构性失业和岗位需求结构调整等变化，不断优化就业结构；需适应技术进步要求，夯实制造业发展的人才基础，围绕制造业转型升级和智能制造发展趋势的新要求，壮大人工智能等领域的人才队伍，培养更多综合能力突出的复合型人才；需形成更多制造业就业新形态，加强制造业劳动者权益保障。

四是提升制造业利用数据要素的规模和水平。要坚定制造业数字化、智能化发展方向，夯实制造业数据要素利用的设施基础和制度基础，加快推动数字化、网络化信息基础设施建设，大力推进制造业数据应用的场景创新，全面实施制造业数字化改造，推动制造业产业链从材料、零部件、整机、成套装备到生产线的智能化改造，推进智能化、数字化技术在重点行业研发设计、生产制造、物流仓储、经营管理、售后服务等关键环节的深度应用。

五是不断改善制造业能源结构，提高资源利用效率。要推动保持制造业比重基本稳定与实现"双碳"目标的协调统一，需依靠技术进步和制度创新，也需要不断完善从顶层设计到具体措施的政策体系。具体来看，要科学评估制造业碳排放水平，实施跨行业综合减排政策，推动实现全产业链减排；要优化制造业能源供给结构，提高清洁能源比重，加快推进大型清洁能源基地建设，同时引导需求侧积极采取清洁能源替代方案、鼓励制造业企业主动调整能源消费结构；要依靠技术创新和管理创新提高制造业能效水平，推进制造业碳排放持续降低。

（作者系中国社会科学院工业经济研究所邓洲、黄娅娜；该文原载于2022年6月29日《经济日报》）

以数字化推动制造业重构竞争优势

制造业是经济发展和社会运转所需生产资料和生活资料的主要生产部门，具有科技创新密集、产业关联性高、抗冲击能力强等特点。当前，新一轮科技革命和产业变革深入发展，数字技术加速创新，不断成熟、扩散和渗透，成为推动传统产业转型升级、增强产业链供应链韧性、建设现代化经济体系的重要力量。数字经济时代的工业化呈现出不同于传统工业化的新特征新态势，这为我国制造业重构竞争优势提供了难得机遇。

一、优势重构——从制造环节优势到综合新优势

改革开放以来，我国深化体制机制改革，扩大对外开放，积极参与国际产业分工，充分发挥劳动力资源丰富、要素成本较低的比较优势，形成了在加工制造环节的竞争优势，成为世界第一制造业大国。

改革开放之初，我国制造优势主要源自较低的人力成本，在世界市场形成了中国制成品的明显价格优势。随着我国制造业规模扩大、分工深化、产业配套体系完善和技术水平持续提高，制造环节的优势不仅体现在价格上，而且表现为创新型制造优势。我国制造企业能够将创新型的产品设计快速产业化，并在大规模生产中持续降低成本、提升质量。制造环节的优势从价格优势向创新型制造优势的转变体现出我国制造业持续升级和在全球价值链地位的攀升。

近年来，我国制造业在加工制造环节的优势面临巨大挑战。一是随着经

济增长，居民收入水平提高、人口红利减弱、要素成本上升、环保力度加大，制造业的成本优势被不断削弱。二是世界主要国家围绕科技制高点的竞争空前激烈，全球高度分工的供应链风险加大。我国虽然仅用几十年时间就走完发达国家几百年走过的工业化历程，但制造业整体技术水平特别是产业链关键环节的技术水平与工业强国相比仍存在较大差距，产业链被"卡脖子"和供应链"断链"的风险加剧。三是新冠疫情的冲击使产业安全问题受到高度重视，一些国家开始推动全球产业链重构，产业链发展呈现多元化、本土化、近岸化趋势。

由于国内资源禀赋、国际环境和全球技术条件变化，我国制造业需在新的条件下重构竞争优势，从原来的制造环节优势转向综合新优势，不断增强产业链韧性、提升发展质量、提高国际竞争力。

二、发力方向——数字化激发产业链潜能

数字技术是典型的通用目的技术，在国民经济各行业广泛应用并产生深刻影响，成为重构制造业竞争优势的重要力量。制造业活动既包括企业内部的机器设备、工厂、物流、运营管理等价值链体系，也包括从研发设计到加工制造再到营销、客户服务、产品回收等产品全生命周期，还包括制造企业与上下游供应商、合作伙伴构成的商业生态。因此，制造业数字化涉及企业内部生产链条、产品全生命周期和商业生态等全方位。制造业数字化转型能够有力激发产业链潜能。

一是有助于保持综合成本优势。制造业的综合成本是工资、能源、土地、物流等多种成本共同作用的结果，同时也受到劳动生产率的影响，可以用单位劳动成本来衡量。工资水平的上涨是我国制造业成本优势减弱的主要原因，但是，如果劳动生产率显著提高，就能够抵消工资上涨的影响，使制造业的综合生产成本优势得以保持。数字化、智能化的制造设备和系统虽然一次性投入较大，但能够不停歇地连续工作，可以从多个方面抑制单位劳动

成本的上涨。当前，机器人、机床等数字化生产设备在越来越多的产业领域和生产环节得到应用。通过"机器换人"显著提高制造业生产效率，已经成为我国企业应对人工成本上涨的重要手段。同时，随着大数据、人工智能等数字技术的突破，机器视觉等人工智能技术在生产过程的中间产品成分、规格和性能检测以及最终产品质量检测等方面获得广泛应用，在替代人工、减少工资支出的同时提高了检测效率和产品质量。

二是有助于推动产业向高端升级。制造业需向更高技术水平、更高附加价值、更加绿色低碳的方向持续升级，数字技术与产业的深度融合是制造业升级的重要推动力。随着仿真软件、数字孪生、人工智能、3D 打印等技术应用于产品研发，在数字化虚拟环境中对产品进行原型设计、使用仿真、性能测试、优化改进，能够加速产品开发速度、缩短开发周期、降低研发成本；智能机器和智能制造系统更加精准和稳定，能有效提高产品质量的稳定性与可靠性，并通过分析生产线各个环节、各个设备运行中生成的海量数据，优化生产线的工艺参数，提高良品率，减少损耗；基于对生产过程、供应链和产品运行、用户使用过程中的海量数据进行分析，智能化生产系统能够自动提供定制化增值服务，在满足用户多元化服务需求的同时，推动制造业由生产型制造向服务型制造转型。

三是有助于增强供应链韧性。面对逆全球化思潮上升、新冠疫情冲击，提高供应链韧性、加强产业链安全的重要性凸显。供应链的韧性体现在适应多元化需求、快速响应市场变化、应对外部冲击等方面。制造企业通过推动从原材料到最终产品交付的全供应链、从研发设计到品牌营销的全价值链的数字化、智能化，能显著增强供应链韧性。一是智能机器人、人工智能等先进数字技术的应用，能够提高生产线的柔性，产品开发、加工制造、供应链管理系统可根据订单情况快速进行产品设计、调动物料供应、安排产线生产，在需要时生产线的配置和工艺参数也可以根据订单情况在较短时间内完成调整，推动生产方式从大规模生产向大规模定制转变。二是通过连接各级供应商和制造企业、销售企业的供应链数字化、智能化改造，制造企业可以即时了解市场需求、预判市场走势，并根据用户订单或预测数据协调整个供应链的生产活动，提高对市场变化的响应速度，实现供应链条中各企业的高效率、低成本运营。三是全球价值链中的龙头企业可以通过泛在连接的网络、实时采集的数据、智能化的决策系统及时掌握生产、物流、销售数据，加强对分布于世界各地的工厂和供应商的控制。四是生产制造经验和知识的代码化、软件化，可以让制造企业掌握加工制造过程中不断更新的技术和知识，在出现自然灾害等冲击时，也可以根据需要扩大生产或恢复生产能力。

三、现实路径——与数字技术深度融合

当前，新一轮科技革命和产业变革深入发展，数字技术突飞猛进。我国数字基础设施覆盖广，数字经济产业增长速度快，在云计算、大数据、人工智能等先进数字技术领域处于世界前列，这些都为制造业数字化转型提供了有利条件。面向未来，需加快形成融合制造环节优势与数字优势的制造业综合新优势。

一是破解数字化转型中的技术瓶颈。加大政府和企业对先进制造业和数字经济领域先进技术的研发投入，加快突破智能芯片、超精密加工、工业软件、3D 打印等智能制造"硬科技"。鼓励有条件的地区和企业前瞻布局先进制造技术、前沿数字技术，抢占先进制造与数字技术深度融合形成的新兴产业制高点。

二是加强新型基础设施建设。根据工业生产过程、供应链运转、产品应用的需要，适度超前规划布局 5G 网络、物联网、千兆光纤网、大数据中心、云计算中心、超算中心等新型基础设施，积极探索新型基础设施在制造业的应用场景。

三是鼓励制造企业数字化转型。积极开展"上云用数赋智"以及智能制造、服务型制造等制造业数字化转型试点示范。鼓励企业采用先进数字技术、设备和系统，充分利用我国制造场景丰富的优势，开发智能场景，建设

智能车间、智能工厂、智慧供应链和智慧生态，建设具有泛在连接、数据实时采集、智能分析和控制的工业互联网平台，带动中小企业数字化转型。

四是加强数据相关法律制定与国际合作。大力推进数据保护、交易流通、跨境传输和数据安全相关法律法规、实施细则的制定，加快培育数据要素市场，探索"原始数据不出域、数据可用不可见"的交易范式，加强数据治理规则的国际对接，为制造业价值链、供应链中各企业间数据的国内传输和跨境流动创造良好条件，积极破除数字化商品出口和服务型制造跨境贸易可能遭遇的各种壁垒。

五是加强数字素养教育。在中小学开设数字技术科普课程和数字技术应用课程；在大学理工科专业推广数字技术课程，培养既懂各产业领域专业知识又懂数字技术的复合型人才；鼓励知名大学开发数字技术前沿领域的精品公开课程，创造全民学习、终身学习的良好环境。

（作者系中国社会科学院工业经济研究所研究员李晓华；该文原载于2022年4月13日《经济日报》）

精准施策推动传统制造业高质量发展

经过多年努力，我国制造业在诸多领域取得了长足进步，向高端化和高附加值方向积极迈进，技术创新能力显著提升。我国尤为重视先进制造业的发展，在智能制造、机器人、新能源、新材料、生物医药、高端装备制造等领域出台了一系列支持政策，先进制造业发展步伐加快，在制造业中的比重不断提升。值得注意的是，传统制造业仍是我国工业的主体，且正面临成本快速上升、国际市场竞争加剧等严峻挑战，其在精益制造能力、高品质产品生产能力与质量管控能力等方面也都存在不足。需要看到，传统制造业的转型发展对我国稳增长、稳就业以及加快建设制造强国都具有重要意义，需要高度重视传统制造业的高质量发展，并调整完善相关政策推动传统制造业的转型升级。

一、传统制造业在国民经济体系中的地位至关重要

现实地看，传统制造业在我国国民经济体系中仍扮演着至关重要的角色。

发展传统制造业是稳增长、稳就业的重要途径。虽然近年来，我国高技术制造业快速发展，但在当前和今后一段较长的时期，传统制造业仍然是解决大量劳动力尤其是低技能劳动者就业的重要途径，是稳定经济持续增长的重要力量。根据国家统计局发布的数据，2019年我国高技术制造业增加值占规模以上工业增加值的比重为14.4%，解决就业所占比重则更低。根据人

力资源和社会保障部的统计，在我国就业人口中，低技能劳动者的占比为78.8%，仍需传统制造业解决低技能劳动者的就业问题。

推动传统制造业更好发展是巩固我国国际竞争优势的重要手段。近年来，我国传统制造业的成本优势正在逐渐减弱，但产业链完整的优势依然存在。对此，我们既可以通过持续提升传统制造业的工艺、质量、设计与效率来巩固既有优势，也可以通过应用先进技术提升改造传统产业，将其发展成先进制造的重要组成部分。

传统制造业发展可以为新兴产业与先进技术提供重要市场。我国传统制造业的转型升级为新一代信息技术、智能制造技术等的发展提供了重要的应用场景，为新兴产业的发展提供了广大的、本土化的市场需求，这为我国新兴产业的发展提供了有利条件。比如，长三角地区、珠三角地区的许多传统制造业企业"机器换人"的过程，就释放了对机器人、机械手以及先进装备的大量需求，这也为我国工业控制软件企业与系统集成商提供了重要的本地市场与发展机遇。

传统制造业能为高新技术产业的发展提供重要支撑。高新技术产业和战略性新兴产业的发展，都需要传统制造业的精密制造能力或精益制造能力来提供保障。当前，我国在发展高精度数控机床上，以及在零部件加工精度与材料质量、装配工艺水平等方面的一系列瓶颈，在很大程度上是由于传统制造业及其基础能力不足造成的。更好发展高新技术产业，尤其需要传统制造业在制造加工设备、关键零部件（元器件）等方面提供有力支撑。

二、现存短板有待补足

近年来，随着土地、劳动力等要素成本与环境保护成本的快速上升，我国传统制造业在成本方面的优势逐渐减弱。与此同时，一些发展中国家工业化进程加速，部分发达国家认识到产业空心化的危害和制造业对支持创新、促进就业的重要作用，纷纷提出"再工业化"，促进制造业"回流"。这些都对我国传统制造业发展形成压力。

除了受外部环境变化的影响外，传统制造业自身发展也存在一系列短板有待补足。

技术能力和管理能力亟待提升。除了极少数龙头企业外，我国大量传统制造业企业还处于工业2.0（机械化）至3.0（自动化）区间的水平上，在工艺水平、精益制造能力、质量管控能力、设计能力、持续技术改进能力等方面有待提高。近年来，尽管我们大力推动传统制造业与新一代信息技术相结合，但许多企业既对成熟的先进适用技术不了解、不掌握，也缺乏与先进适用技术相匹配的管理能力。

共性技术研发与扩散服务体系较为缺失。多年来，我国十分重视公共研发平台的建设，但无论是制造业创新中心、产业创新中心、工业技术研究院还是新型研发机构的建设，都主要集中在新兴产业、新兴技术领域，在传统制造业领域缺乏布局且投入不足。在推动技术扩散方面，我国已建有国家技术转移中心、国家技术转移示范机构等，但仍难以满足广大企业的需求。同时，一些部门注重支持先进技术及前沿技术的研发与应用，对于成熟先进适用性技术的应用与推广的关注和支持都不足。

人才缺乏问题凸显。目前，不仅高层次研发人才、高技能技术工人与高素质工程技术人员缺乏，而且一线熟练技工也日趋紧缺。制造业企业尤其是传统制造业企业的工资水平在国民经济各大行业中处于中低水平，对各类人才的吸引力不强。进一步看，现有教育体系对培养高技能技术工人与工程师的科学性和适用性也不高，在相关人才的供给上明显不足。

三、关键是抓住痛点精准施策

传统制造业的高质量发展是制造强国建设的重要内容，是强化我国制造业竞争优势的重要途径，是培育和发展高新技术产业的重要支撑，是避免制造业在国民经济中的比重过快下降的重要手段。而我国庞大的市场体量、不断升级的消费需求也为传统制造业的发展提供了巨大空间，新一代信息技术的发展与应用更是为传统制造业创造了广阔的发展前景。

加快推进传统制造业的转型升级，并以此支撑高新技术产业更好发展，应是当前和今后一个时期的重要任务。高度重视传统制造业的高质量发展，促进传统制造业与高新技术产业的协同发展，需抓住痛点精准施策。

一是进一步优化和调整产业政策，注重传统产业与高技术产业之间的平衡。我们推出的产业政策，需着眼于促进传统产业与高技术产业协同发展，应避免向高技术产业过于倾斜的情况。产业政策投入的重点方向，应转向促进技术创新、技术扩散与技术能力的积累。政策资源需更多向公共科技服务体系侧重，支持其进行研究开发、技术扩散以及为企业提供其他技术服务的活动，支持其与企业的合作研发活动。

二是加快建设公共科技服务体系，助力企业提升技术能力、创新能力与效率。可借鉴国际上的成熟经验，根据我国的产业发展实际，进行适应性制度创新，设立高水平的工业技术研究院，推动传统制造业基础技术与共性技术的研发与推广；考虑组织认证专门的、具备丰富生产管理经验和现代工艺知识的专家队伍，为企业提供技术服务、质量管理、现场管理、流程优化等方面的咨询与培训，让企业能够更快速获得成熟先进适用技术及相应的管理咨询服务；创新运作模式，帮助企业掌握成熟的先进适用生产工艺、自动化技术或柔性生产技术以及与之相适应的管理能力，帮助企业更为务实有效地提升技术能力、效率与竞争能力；推进互联网、大数据、人工智能等新一代信息技术与制造业融合发展，更多采用成熟的自动化技术、信息技术与智能制造技术，开发和推广先进、经济的适用性技术。

三是加强对实用性技术人才与技能型人才的培养。全面提升职业技术院校的教育质量，推动职业技术院校与企业紧密合作培养高素质技能型人才；强化工程师与高技能工人的培训，鼓励和支持一流大学与企业合作共同培养高素质工程师，鼓励企业优秀的高级技术人员充实师资队伍，优化学科与专业设置，加强制造工艺工程学科的建设；等等。

此外，还需改善传统制造业的发展环境。在进一步减税降费、稳定环境管制政策等方面切实发力，为传统制造业实现高质量发展营造良好和稳定的环境。

（作者系中国社会科学院工业经济研究所产业融合研究室主任江飞涛；该文原载于 2021 年 2 月 8 日《经济日报》）

加快从农业大国向农业强国迈进

强国必先强农，农强方能国强。党的二十大报告强调，"加快建设农业强国"。在 2022 年 12 月召开的中央农村工作会议上，习近平总书记着眼全面建成社会主义现代化强国的全局大局，系统阐释了建设农业强国、加快推进农业农村现代化、全面推进乡村振兴的一系列重大理论和实践问题，为当前和今后一个时期"三农"工作明确了目标任务、战略重点和主攻方向。农业强国是社会主义现代化强国的根基，人民幸福、社会稳定、国家安全都离不开农业发展。我国现阶段的基本国情和历史积淀决定了我们建设农业强国必然有着与其他国家不同的特征。人多地少的资源禀赋、农耕文明的历史底蕴、人与自然和谐共生的时代要求，都对加快建设体现中国特色的农业强国提出了鲜明要求。

一、农业大而不强特点突出

党的十八大以来，以习近平同志为核心的党中央引领推进新时代农业农村现代化事业发展，推动农业农村发展取得历史性成就、发生历史性变革，主要农产品产量和单产水平在世界范围内位居前列。但也必须清醒认识到，我国目前仍然只是农业大国，还不是农业强国，特殊的国情决定了建设农业强国之路不会一帆风顺。农为邦本，本固邦宁。农业具有基础地位，农业强国建设绝不单单是农业自身的问题，而是与农村、农民问题紧密相连的系统工程。建设体现中国特色的农业强国，首先要深刻认识当前我国农业发展所面临的突出矛盾和主要问题。

农业大而不强，竞争力偏弱。我国是农业生产大国，根据世界银行数据，2021年我国农业增加值达1.28万亿美元，占世界农业增加值的31.1%。同时，我国也是全球农产品贸易大国之一，2021年我国农产品进出口额3041.7亿美元，贸易逆差高达1354.7亿美元，其中大豆、种子等重要资源性农产品长期处于净进口状态。虽然部分农产品进口是为了调剂国内品种，但也反映出我国农业竞争力不强的事实。与美国、荷兰等主要农业强国相比，我国农业劳动生产率、土地产出率和资源利用率都不高。2021年我国农业科技进步贡献率为61.5%，与世界先进水平还有不小差距。与国内非农生产部门相比，农业科技应用、生产方式、劳动者素质等相对落后，2021年第一产业劳动生产效率与二、三产业劳动生产效率之比为1∶4.3∶3.5，高素质劳动力和资本加速向非农部门聚集。如何在刚性资源禀赋条件下发挥农业外部规模经济效应，降低小农生产的自然风险和市场风险、提高农业生产力等，都是实现农业农村现代化必须解决的关键问题。

城乡发展不平衡、农村发展不充分。近年来，我国居民收入快速增长，农村居民年均收入增速已连续多年超过城镇居民，但城乡居民收入差距仍然较大，尤其是城乡居民收入的绝对差距仍呈扩大趋势。此外，与城市相比，农村地区普遍存在公共产品供给不足、人居环境不佳等问题。同时，随着大量农民工进城就业，传统农民家庭的社会功能和文化传承作用弱化，农村经济繁荣和文化传承发展的内在驱动力不足，亟须采取有力举措加以解决。

二、立足我国国情建设农业强国

全面建设社会主义现代化国家，最艰巨最繁重的任务仍然在农村。当前和今后一个时期是各类矛盾易发期，各种可以预见和难以预见的风险因素明显增多，必须立足我国基本国情，加快建设体现中国特色的农业强国，筑牢社会主义现代化强国的根基。

我国作为社会主义国家，始终坚持人民至上，把逐步实现全体人民共同富裕摆在重要位置。民以食为天，解决好吃饭问题始终是治国理政的头等大事。在当前复杂严峻的国际环境下，没有强大的农业，不可能全面建成社会主义现代化强国，也不可能实现全体人民共同富裕。

建设农业强国必须与我国实际相结合。一方面，我国农业发展具备深厚的农耕文明历史底蕴、丰富的资源种类、统分结合的双层经营体制、社会主义制度等许多其他国家不具备的优势。另一方面，我国农业发展也存在科技转化率相对较低、区域经济发展水平不均衡、历史欠账多等一系列现实阻碍。这决定了建设农业强国必须立足我国国情，利用有限的资源保障农产品数量和质量，推动小农户与现代农业有机衔接，促进农村全面进步、农民全面发展，同时保持乡土文化传承，绝不能简单照搬国外农业强国的发展经验和模式。

建设农业强国需要正确处理政府和市场关系。近年来，我国农业产值在国民经济中的比重不断下降，农业生产经营收入在农民整体收入中的占比也在下降。这导致农业生产激励减弱，加之生产要素成本居高不下，农业发展内生动力不足。推动农业发展，不能一味依靠政府主导、财政政策，也不能完全放任市场自发调节。要坚持市场化方向，发挥市场决定性作用，也要完善体制机制，更好发挥政府规划引导、宏观调控、支持保护等作用。

三、完成好艰巨的历史任务

加快建设农业强国是新时代新征程做好"三农"工作的战略部署，也是一项长期而艰巨的历史任务，这一过程必然面临诸多风险挑战，必须保持战略定力、久久为功。

一是要充分发挥制度优势。发挥我国社会主义制度能够集中力量办大事的显著优势，进一步将思想和行动统一到习近平总书记重要讲话精神和党中央关于"三农"工作的决策部署上来，加强顶层设计，保持战略定力，科学谋划和推进"三农"工作。

二是要不断夯实物质基础。党的十八大以来，我国农业现代化建设取得长足发展，具备了由农业大国向农业强国迈进的基本条件，要进一步夯实物质基础，充分释放农业生产要素活力，建设供给保障强、科技装备强、经营体系强、产业韧性强、竞争能力强的农业强国。

三是要重视汲取历史经验。中华五千年农耕文明积累了丰富的历史经验，要从中汲取智慧力量，循序渐进、稳扎稳打，加快建设农业强国，为全面建设社会主义现代化国家、全面推进中华民族伟大复兴提供强有力支撑。

（作者系中国农业大学党委常委、副校长辛贤；该文原载于 2023 年 1 月 17 日《经济日报》）

中国特色农业现代化道路及其世界意义

加快推进农业现代化是全面建设社会主义现代化国家的重大任务，是解决发展不平衡不充分问题的重要举措，是推动农业农村高质量发展的必然选择。"十四五"规划纲要将基本实现农业现代化作为到 2035 年基本实现社会主义现代化远景目标之一。这为中国农业的长远发展指明了方向，提出了新的要求。中国是一个典型的农业大国，农业就业人数和增加值规模都居世界首位。从全球范围看，要实现涉及数亿农民的农业现代化，至今尚没有先例。中国的农业现代化将是一项前所未有的伟大事业。立足中国国情，坚持走中国特色农业现代化道路，不仅能够奠定中国现代化的基石，也将为世界发展和人类进步作出重要贡献。

一、必然选择

农业是国民经济的基础，农业现代化是国家现代化的基石。对于我国而言，农业现代化是一个动态的比较概念，既是推动传统农业成为现代农业的过程，也是不断赶超农业现代化先行国家的过程。其核心是农业生产方式的现代化，重要标志是农业生产效率、发展水平和科技含量等达到世界先进水平。

实现农业现代化一直是我国孜孜追求的重要目标。早在 1945 年，毛泽东在《论联合政府》中就提出了"农业近代化"的任务。新中国成立以后，我国一直把农业现代化摆在现代化建设的重要位置。20 世纪 50 年代，我国就明确提出了实现农业现代化的目标任务。当时人们把农业现代化主要理解为农业的机械化、水利化、化学化、电气化和良种化。改革开放以来，随着发展战略转型和体制转轨，农业现代化在建设实践中逐渐被赋予科技化、商品化、市场化、产业化、规模化、融合化、绿色化、智能化等丰富内涵。1983年中央一号文件提出要"走出一条具有中国特色的社会主义的农业发展道路"，2007年党的十七大提出"走中国特色农业现代化道路"，确立了中国农业现代化的方向。2014年中央一号文件将这一道路进行了具体化，明确提出要"走出一条生产技术先进、经营规模适度、市场竞争力强、生态环境可持续的中国特色新型农业现代化道路"。2016年中央一号文件进一步将这一道路阐释为"走产出高效、产品安全、资源节约、环境友好的农业现代化道路"。2017年党的十九大将农业现代化拓展为农业农村现代化，提出了"加快推进农业农村现代化"的战略任务。2020年党的十九届五中全会提出了到2035年基本实现农业现代化的目标任务。实现农业现代化是一项长期的艰巨任务，不可能一蹴而就，必须立足中国国情，走具有中国特色的农业现代化道路。这条道路是我国在现代化建设实践中不断探索和总结经验的成果，是全面建设社会主义现代化国家的必然选择。

二、科学内涵

中国特色农业现代化道路有其科学内涵，既要遵循农业现代化一般规律，又要从中国国情农情出发，突出中国特色，坚持中国道路。

一要把握"大国小农"特征。中国人多地少，人均耕地面积不足世界平均水平的一半，农业生产以小规模分散经营为主体形态。目前，通过土地流转经营30亩以上的农户仅占全国农户总数的5%，其他均属于世界银行划定的"小农"范畴。这种小农户将会长期存在。将小农生产有效引入现代农业发展体系，走"大国小农"国情下的农业现代化之路，是中国农业现代化的必然选择。二要把握基本制度特征。我国是一个社会主义国家，在推进农业现代化的过程中，必须坚持农村土地集体所有，完善农村基本经营制度。经过改革开放以来的实践探索，以家庭承包经营为基础、统分结合的双层经营体制已经成为我国农村的基本经营制度，这一制度是党的农村政策的基石，必须坚持并不断丰富完善。三要把握发展阶段特征。我国仍处于并将长期处于社会主义初级阶段，发展不平衡不充分问题依然十分突出。特别是农业大而不强、多而不优，土地产出率、劳动生产率和资源利用率低，国际竞争力较弱，加快农业现代化和农业强国建设任重而道远。深刻把握基本国情特征，我国必须坚持走中国特色农业现代化道路。

中国的农业现代化必须坚持中国道路，探索符合自身实际的推进战略。这种战略具体体现在四个方面：一是多目标协调。中国拥有14亿多人口，粮食消费量巨大，确保粮食安全始终是"国之大者"，也是全面推进现代化和乡村振兴的底线要求。推进农业现代化，既要保障国家粮食安全和重要农产品稳定供应，又要实现农业增效、农民增收和绿色发展，实现多目标的统筹协调。二是多主体协同。既要完善农业支持保护政策体系，更好发挥政府作用，又要创新体制机制使市场在资源配置中起决定性作用，还要充分发挥农民主体作用，全面调动农民积极性、主动性和创造性，使政府、市场和农民协同互补形成发展合力。三是多路径并举。中国的农业现代化建设必须适应新时代国际国内环境变化，大力转变农业生产方式，加快构建现代农业产业体系、生产体系、经营体系，不断推动农业向良种化、机械化、规模化、融合化、工业化、社会化、绿色化、智慧化的方向发展。四是多模式并存。中国农村地域辽阔，发展条件和特点千差万别，各地应从实际出发，因地制宜、梯次推进，探索各具特色的农业现代化实现形式，走多元化的农业现代化之路。

三、世界意义

由于国情不同，各国农业现代化道路和模式也不尽相同。目前，世界农业现代化主要有三种典型模式，即以美国、加拿大等为代表的规模化农业模式，以日本、荷兰等为代表的精细化农业模式，以及以法国、意大利等为代表的高值特色农业模式。这些模式尽管具有一定借鉴意义，但并不完全适合于中国。中国拥有数亿农民，"大国小农"是基本国情，立足自身国情，探索出一条中国特色农业现代化道路，这本身就是一个模式和理论创新，有利于丰富和发展世界农业现代化理论。这一道路还将为世界农业现代化贡献中国智慧和中国方案，对广大发展中国家具有重要借鉴意义。

首先，中国推动农业现代化促进了世界农业生产率增长，为加快世界农业现代化进程作出了重要贡献。按照世界银行世界发展指标（WDI）中的数据，2019年中国农业劳均增加值约为5609美元（含农林渔业，2015年美元价），比1991年增长了约4.87倍，而同期世界平均增长约1.80倍，中国所在的中等偏上收入经济体增长了约3.25倍。这期间，若以世界平均水平为100%，中国农业生产率相对水平由66.3%提升到139.0%左右；若以中等偏上收入经济体为100%，中国农业生产率相对水平由67.2%提升到92.8%左右。中国农业生产率的快速增长对世界农业生产率增长起到了重要作用。在新发展阶段，中国农业现代化的加快推进，将进一步大幅提升中国和世界的农业生产率，由此加快世界农业现代化的进程。

其次，中国高度重视粮食问题，为保障全球粮食安全作出巨大贡献。早在2013年，中国就提出"以我为主、立足国内、确保产能、适度进口、科技支撑"的国家粮食安全战略。到2021年，中国粮食产量已经连续7年稳定在1.3万亿斤以上，是世界第一大粮食生产国和第三大粮食出口国，人均粮食占有量连续多年超过国际公认的400公斤粮食安全线。按稻谷和小麦计算的口粮自给率近年均在100%以上，谷物自给率超过95%，确保了"谷物基本自给、口粮绝对安全"的战略底线。中国以占世界9%的耕地、6%的淡水资源，养育了世界近1/5的人口，为保障全球粮食安全作出巨大贡献。

还要看到，近年来，中国大力推进绿色兴农，实施化肥农药减量增效行动，加快发展绿色有机农产品，推动农业减排固碳和污染防治，取得了明显的成效，化肥、农药使用总量和强度持续下降，而利用率则不断提升。在中国特色农业现代化进程中，加快实现农业绿色化转型，将有利于推动世界农业绿色发展，为应对全球气候变化和促进可持续发展作出贡献。推进中国特色农业现代化，确保重要农产品稳定供应，并在此基础上充分挖掘农业的多种功能，推动农业与二、三产业深度融合，将有利于农民持续稳定增收，提高城乡居民的生活水平。2020 年，我国乡村常住人口仍有 5 亿人左右，农业及相关产业就业总量规模大、所占比重高。加快中国特色农业现代化进程，将意味着提高土地产出率、劳动生产率、资源利用率和农业增收贡献率，由此将增进中国农民福祉，促进世界总体福祉水平的提升。

（作者系中国社会科学院习近平新时代中国特色社会主义思想研究中心特约研究员、农村发展研究所所长魏后凯；该文原载于 2022 年 7 月 5 日《经济日报》）

提升工业互联网创新链整体效能

习近平总书记在湖北省武汉市考察时指出，"我国是世界第二大经济体，但还有不少短板，一些产业的基础还不是很牢固，进一步发展必须靠创新。全面建设社会主义现代化国家，实现第二个百年奋斗目标，创新是一个决定性因素"[①]。工业互联网是新一代信息通信技术与工业经济深度融合的新型基础设施、应用模式和工业生态。把握工业互联网创新链变化趋势，提升创新链整体效能，有利于我国牢牢抓住新一轮科技革命和产业变革带来的历史机遇，推动制造业实现高质量发展。

一、把握趋势性变化

当前，全球新一轮科技革命和产业变革蓬勃发展，工业互联网技术不断突破，二者相结合，推动着工业互联网创新链的深刻变革。这一深刻变革，要求把提升创新链的整体效能放在更加重要的位置，对未来工业发展将产生全方位、深层次、革命性影响。

其一，新技术革命推动工业互联网创新链主体构成更趋多元化。在新技术革命助推下，数字技术极大拓展了工业互联网创新生态体系。万物互联和数据资源的高效流动推动各类创新主体以更加灵活敏捷的方式，组成各类创

[①] 《把科技的命脉牢牢掌握在自己手中　不断提升我国发展独立性自主性安全性》，《人民日报》2022 年 6 月 30 日。

新联合体，创新链上的政府、大学、科研机构、企业乃至用户等通过实体或虚拟空间参与整个工业互联网创新生态的塑造过程，跨时空、跨领域开展协同创新，共同推进工业互联网创新链的整体跃迁。

其二，新技术革命推动工业互联网创新链要素更趋数字化。数据日益成为重要战略性资源，成为驱动工业互联网创新链提质增效的关键力量。数字技术打通了基础研究、应用研究、产品开发、工艺改善、商业化等整个工业互联网创新链，形成新的数据驱动创新范式，有效支撑起工业互联网全链条的协同创新。

其三，新技术革命推动工业互联网创新链组织更趋网络化。在以往历次技术革命中，受制于规模经济和范围经济的边界限制以及交易成本、资源禀赋、不完全信息等约束，创新资源的配置范围和组织边界通常局限在企业内部或产业链上下游之间及产业集群内部。新技术革命条件下，数字化显著拓展了创新资源配置范围和创新组织边界，放大了规模经济、范围经济和网络经济效应，加快了人才、资本、知识等创新要素的跨界汇聚、流转和配置的速度，降低了各类创新主体之间的合作成本，推动工业互联网创新活动组织方式向泛在化、开源化、协同化演变。

其四，新技术革命推动工业互联网创新链节点更趋平台化。在新技术革命浪潮中，平台化是重要趋势，工业互联网平台成为工业互联网乃至整个制造业创新链的核心。工业互联网通过实现工业全要素、全产业链、全价值链的深度互联，推动整个工业呈现出全面平台化趋势，这也带动工业互联网创新链关键节点更趋平台化。

其五，新技术革命推动工业互联网创新链更趋循环化。在传统模式下，创新链从基础研究开始到产业化或商业化应用结束的整个流程是一种线性模式，创新者与终端用户之间缺乏互动和协同。当前，工业互联网创新链越来越呈现出分布式、协同化和需求驱动的特点。新一代数字技术使全链条上的核心工业互联网平台企业、众多中小微企业以及终端用户等彼此能够高效互动，使得创新链上的各类主体广泛参与新技术和新产品的开发推广应用过程，推动工业互联网创新链更趋循环化。

其六，新技术革命推动工业互联网创新链更趋包容化。随着互联网与移动智能终端广泛普及，一方面，全社会各个群体可以依托工业互联网等载体，低成本获取知识和提升创新技能，参与、推动、实施具体的创新活动，在创新过程中发挥作用、创造价值；另一方面，创新链上的各类创新主体通过深入挖掘个性化需求，创新产品、服务、流程等，高效地满足各种个性化需求，使创新成果为所有人共享，所有人都从创新活动中受益。

其七，新技术革命推动工业互联网创新链更趋场景化。新技术革命条件下，5G、人工智能、大数据等新一代信息技术以通用性、渗透性、融合性贯通了物理空间与网络空间，形成万物互联、人机交互的数字世界、智能空间，这不仅为工业互联网创新提供了新的创新载体、试验空间，也大大降低了推动创新链与产业链多样化动态融合的成本。工业互联网创新链更趋场景化，有利于持续丰富工业互联网产学研深度融合的创新生态，持续提升工业互联网各创新链主体技术创新对制造业全行业、全流程的辐射带动及转型赋能能力，不断增强创新链上各类主体的创新能力。

二、抓住战略性机遇

当前全球工业互联网还处于加速创新突破和应用推广阶段，技术和创新竞争格局尚未定型。我国应把握新一轮科技革命和产业变革带来的战略性机遇，着力提升工业互联网创新链整体效能。

一是发挥体系优势，提升工业互联网关键核心技术攻关效能。工业互联网平台是工业互联网自主创新与应用拓展的关键主体。在推进工业互联网平台建设上，我国已初步形成"综合性＋特殊性＋专业性"的多层次、系统化的工业互联网平台体系，但工业互联网核心技术积累不足的问题依然存在，不利于工业互联网平台核心技术的持续迭代和功能演进。要看到，工业软件是工业互联网平台及创新链的重要组成部分，伴随产品从基础研究、应用开发再到市场化全创新周期，广泛应用于工业生产的各个环节。近年来，我国工业软件虽然发展势头迅猛，但关键核心技术受制于人、高端工业软件主要依靠进口的问题并没有从根本上得到解决。为此，我国需发挥新型举国体制优势，综合运用科技立法、战略规划、财税政策、金融扶持、人才政策等，系统推进工业互联网创新链建设，推动创新链与产业链、信息链、金融链、政策链等融合衔接，打造互相交织、相互支撑、多层次、立体化的工业互联网创新体系。

二是优化创新合作机制，提升工业互联网科技创新成果的转移和转化效能。从全球工业互联网专利申请量来看，我国在众多技术领域实现了全球领先，但从专利申请的主体看，我国仍以科研院所为主，企业申请专利所占比重低、高品质专利数量少。为此，我国应在加强工业互联网专利技术和知识产权保护的同时，优化成果转移、转化机制，支持工业企业与工业互联网企业针对核心技术开展协同攻关，突破一批关键核心技术瓶颈并实现成果转化；推动 5G、人工智能、区块链等新一代信息技术与工业软件融合；鼓励龙头型、平台型企业联合产业链上下游企业、科研院所和高校等采取联合投资方式共建产业创新中心；鼓励企业、科研院所和高校等创新体制机制，联合设立技术共享、市场共享的新型科研创新主体。

三是强化应用场景建设，提升工业互联网创新生态培育效能。我国工业互联网创新链和创新生态建设尚处于起步阶段，创新主体间的互动性、创新链间的耦合性、产业链与创新链间的协同性都相对不足。强化应用场景建设，可以快速地发现需求，低成本地实现技术迭代，高效地实现需求与供给匹配以及异质主体间的协同，有利于推动颠覆性技术、多样化技术涌现。我国应通过应用场景创新，进一步推动产业链与创新链的融合互动，高效地为工业互联网创新培育良好生态。在这一过程中，要鼓励互联网企业等与行业龙头企业联合，发挥龙头企业带动效应，推动工业互联网赋能企业数字化转型并沿产业链布局延伸；支持产业集群利用工业互联网，促进集群高端化、智能化、绿色化改造转型；鼓励各地立足区域产业特色创建一批工业互联网示范区，促进平台供需精准对接和协同创新。

（作者系中国社会科学院工业经济研究所副所长张其仔、中国宏观经济研究院市场与价格研究所研究员王磊；该文原载于 2022 年 8 月 9 日《经济日报》）

新发展阶段走好新型工业化之路

推动新型工业化、信息化、城镇化、农业现代化同步发展，是新发展阶段我国经济实现更高质量、更有效率、更加公平、更可持续发展的重要任务。经过改革开放 40 多年的快速发展，我国工业化水平大幅度提高，建成了体系完整、产能巨大的工业体系，成为世界制造业第一大国和全球第二大经济体，成功探索出一条符合中国国情的工业化道路。要看到的是，我国的工业化进程并没有完成，而是进入一个新的发展阶段。《中华人民共和国国民经济和社会发展第十四个五年规划和 2035 年远景目标纲要》提出，展望 2035 年，我国要基本实现新型工业化、信息化、城镇化、农业现代化，建成现代化经济体系。这为我们立足新发展阶段走好新型工业化之路指明了方向。

一、认识重要特征

回望过去，人类历史上发生了多次技术革命，虽然每次技术革命都表现为把新的生产要素投入到生产过程中，不断地提高工业化水平，极大地推动生产力发展，但当前正在发生的新一轮科技革命和产业变革则开启了工业化的新纪元，使人类社会发展进入数字经济时代。这是前所未有的进步。

传统工业化在促进经济发展的同时，也伴生着资源过度开发、生态环境恶化等负面影响，不利于人类的可持续发展。与传统工业化相比，新型工业化的最大特征是能够实现经济发展与生态环境保护双赢。以互联网、大数据技术、可再生能源利用技术等为重要内容的新一轮科技革命和产业变革，将数据纳入生产要素的范畴，正在改变着传统工业化的生产方式和社会发展方式。

其一，数据作为生产要素，具有非损耗性和边际收益递增的特点，不会因使用而发生损耗，而会大大促进数据要素的积累，这有利于打破传统生产要素有限供给对发展的制约。目前我国数据资源已呈现指数型增长，数据赋能也在不断拓展，产业数据化、数据产业化就是由传统工业化向新型工业化转变的过程特征。其二，数据要素积累越多，对其他生产要素替代性越强。比如，机器人替代人力劳动的数据越多，效果就越好，对其他生产要素的替代率也就越高。其三，可再生能源技术的发展改变了工业化的能源基础。传统的化石能源逐步被清洁可再生能源取代，将从根本上解决资源有限性对经济发展的制约以及化石能源过度开发造成的生态环境损害。其四，大数据技术把生产与需求更加紧密地联系在一起，因此，新一轮科技革命和产业变革带动的产业发展并不是像前几次工业革命那样，直接推动某类制造业的快速发展，而是在带动服务型制造、机器人产业发展的同时，也带动大数据产业、数据平台等服务型产业及其新模式、新业态快速发展。总之，站在新工业革命的历史坐标系上来看，新型工业化是涉及生产要素、资源环境与生产方式的系统性、整体性变革，是全面促进经济发展的工业化。这是我们首先需要把握的。

二、把握重要价值

现代化是由工业化驱动向现代社会变迁的过程，工业化也可被看作是经济现代化。当前我们开启了向第二个百年奋斗目标进军的新征程。建设富强民主文明和谐美丽的社会主义现代化强国，必须积极推进新型工业化。新型工业化在现代化中有着重要的意义和价值。

一是推动经济高质量发展。新型工业化强调生产智能化、分工网络化、产品定制化、过程绿色化，这样一方面有利于保持传统工业化形成的分工效率，提高工业劳动生产率和资源利用率，另一方面通过大数据和互联网等新技术的广泛应用，推动产业融合发展，加快现代化经济体系建设步伐。要看到，新型工业化与传统工业化一样，不仅会带动工业部门本身生产要素组合的变化，也会对其他部门及整个经济社会发展产生深刻影响，带动整个经济社会的发展与进步。

二是架设通往制造强国的必由之路。在传统工业化进入中后期发展阶段，工业领衔经济增长的地位被服务业取代后，世界各国开始在数字经济的赛道上竞跑。从各国的实践来看，在新一轮科技革命和产业变革的影响下，传统制造业向绿色化、智能化、服务化和定制化方向发展，衡量制造业水平的标准和反映竞争力的核心要素正在重新构建，新一轮工业化正在开启。在这个大背景下，建设制造强国必须走新型工业化道路，推动互联网、大数据、人工智能和实体经济深度融合。

三是解决传统工业化带来的生态环境问题。新型工业化是建立在绿色低碳基础上的工业化，是解决我国资源环境生态问题的基础之策。而数字化与绿色化亦是工业发展的世界性趋势。一方面，绿色低碳循环发展是当今时代科技革命和产业变革的方向，是最有前途的发展领域。另一方面，基于大数据技术应用和数据要素的投入，可以有效进行生产和消费过程的系统优化，实现经济全链条的绿色发展。

四是为实体经济构建新的发展模式。新型工业化推动的融合式发展，可以充分满足消费者的个性需求，大大降低企业集设计、生产、销售等各环节于一体的生产成本，扩大工业产品的需求空间，有效避免传统工业化后期的工业生产过剩和产业外移所形成的产业空心化，形成以人为中心的服务型制造发展模式。

三、找准短板制约

在认识到新型工业化重要价值的同时，也要看到，相对于人民日益增长的美好生活需要，相对于社会主义现代化强国建设的要求，我国新型工业化还存在发展不平衡不充分的问题，还面临着不少制约和短板。

一是整体生产要素水平较低。我国虽然用几十年的时间就基本完成了传统工业化，但主要是依赖资源与初级劳动的投入，因此很长一段时期只能处于全球价值链分工的低端。当前我国高级生产要素尤其是与数字经济相匹配的人才、关键技术不足问题已较为突出，将会制约我国从传统工业化向新型工业化的转变。

二是传统工业化的支撑不够牢靠。生产技术能力具有延续性，新型工业化是建立在传统工业化基础上的。总的来看，目前我国传统工业化的发展支撑还比较薄弱、不够牢靠，主要表现在关键基础材料、核心基础零部件、先进基础工艺、产业技术基础等与发达国家有较大差距，这样会直接影响到数字经济条件下新兴产业的发展。

三是产业数字化转型相对滞后。我国在电子商务、线上支付等领域较为领先，但是在生产领域则较为滞后于发达国家，特别是工业互联网、物联网发展还不尽如人意，相关行业的营业收入、研究投入等与世界先进水平相比仍存在较大差距，这是需要我们重点关注的短板。

四是绿色低碳发展的基础薄弱。我国能源结构长期停留在以煤炭为主的全球第一次能源革命的水平上，能源转型大大滞后于产业结构转型，绿色低碳发展的基础薄弱，这是推进新型工业化的主要障碍之一。中国已明确提出，二氧化碳排放力争 2030 年前达到峰值，力争 2060 年前实现碳中和。这与推进新型工业化的目标是一致的，是下一步我们需要发力的方向。

四、系统协同推进

纵观世界近现代经济发展史，工业化是一个国家经济发展的必由之路。在新时代新征程上，走好新型工业化道路，是全面建设社会主义现代化强国的必然要求。立足新发展阶段，我们必须以新发展理念为指导，坚持改革创新思维，坚持系统协同推进，统筹加强基础学科人才和工程技术人才的培养，统筹推进制造业与服务业、农业的协调发展，统筹推进数字经济在生产与消费中的应用，统筹推进能源转型与绿色低碳发展，统筹推进国内外产业布局与价值链升级，构建促进新型工业化的体制机制和政策环境，走出一条具有中国特色的新型工业化道路。

需要认识到的是，新型工业化发展并非是工业领域的单打独斗，而是一个庞大复杂的系统工程，涉及经济、国防、科技、教育发展的方方面面。新型工业化的发展也给经济理论和实践提出新的挑战和要求。从实践看，新型工业化中有许多问题需要通过建立新的法律、制度、标准等予以保障。比如，数据资源产权、交易流通、跨境传输和安全保护等问题都需要我们通过设立新的基础制度和标准加以规范。从理论看，过去传统工业化更多指向的是创造物质财富，传统工业化理论根据经济发展水平和产业结构的变化把工业化分为初期、中期和后期三个阶段，但对后工业化阶段之后产业如何发展并没有描绘。新型工业化强调了数字价值的重要性，相应的产业范式、产业组织形态都在随之改变，其发展规律也必然会发生变化。对此，我们的理论研究要总结新型工业化的发展规律，对传统工业化理论进行创新，从而探索出适应中国国情的新型工业化理论。

（作者系中国社会科学院工业经济研究所所长、中国社会科学院习近平新时代中国特色社会主义思想研究中心研究员史丹；该文原载于 2021 年 4 月 9 日《经济日报》）

创新驱动新兴产业高质量发展

新兴产业是现代化经济体系的重要组成部分，是新发展阶段我国科技实力和经济活力的集中体现。当前外部环境更趋复杂严峻，国内经济恢复仍然不稳固、不均衡。为更好应对一系列风险挑战，努力实现未来一个时期我国经济社会发展目标，需要完整、准确、全面贯彻新发展理念，坚持深化供给侧结构性改革，加快构建新发展格局，大力推进科技创新，特别是要加紧布局数字经济、生命健康、新材料等战略性新兴产业、未来产业，着力壮大新增长点、形成新发展动能。

一、发达经济体竞相布局

新兴产业是重大前沿科技创新成果商业化的产物，同时也是富有发展活力和市场潜力、对生产生活影响巨大的先导性产业，能够对经济社会发展产生全局带动和引领作用。

由新一轮科技革命和产业变革孕育发展的新兴产业，具有一些共性特征，主要表现在以下几个方面：

一是新兴科技的产业化进程伴随着新材料革命、通用技术的颠覆性创新以及基础设施的更新换代，这在多个维度上协同推动了产业生态的系统性再造；二是新兴产业在核心技术和硬件层面上兼容互通，大都以大数据、人工智能等超强算力以及高性能传感器等智能硬件为支撑，集中体现出新科技革命中的技术群体性突破，促进了不同产业之间以及产业链各环节之间基于数字化转型的深度融合；三是科技创新与市场化应用结合更加紧密，产业化周期缩短，商业模式重构和消费升级的拉动效应更为显著；四是数据成为驱动产业发展的关键要素，数据要素的大规模投入和开发利用引发制造范式和生产组织方式变革，进而改变要素定价和收益分配机制，重塑贸易规则和竞争格局；五是相比于传统产业，新兴产业的技术起点和发展理念总体上更加"绿色"，符合碳中和目标下的全球产业低碳转型趋势。

近年来，发达国家竞相布局新兴产业。总体来看，主要工业大国发展新兴产业的重点与其科技创新强项和产业"长板"高度契合。其中，美国将布局重点放在人工智能、新一代信息技术、智能硬件、生物（医疗）科技、太空开发等方向；德国的优势集中在高端装备、工业机器人、智能制造解决方案等方面；日本则深耕精密零部件、先进材料、机器人等产业，一批长期专注于关键原材料和核心零部件研发制造的日本企业在全球新兴产业链条上占据着难以替代的重要环节。

面对全球科技竞争和产业转型的新趋势新动向，我国对新兴产业的战略布局逐步深化，先后出台一系列相关政策，为战略性新兴产业高质量发展指明了方向，营造了良好发展环境。各地各部门也在聚焦重点投资领域、促进产业集聚发展、增强资金保障能力等方面切实发力。

二、用足良好基础和显著优势

在市场和政府的共同作用下，我国战略性新兴产业由小到大、从弱到强，涌现出一大批创新能力强、发展潜力大的优质企业和具备竞争力、配套环境好、带动作用强的战略性新兴产业集群。进一步推动新兴产业高质量发展，我国具有良好基础和显著优势。

一方面，我国工业门类齐全，产业体系完整，配套能力强。这不仅赋予我国经济抵御各类外部风险的强劲韧性，更为工业互联网、智能制造、数字孪生等新科技新产业新模式提供了日益丰富的基础数据、不断成熟的应用场景以及多样化的市场需求。

另一方面，持续的科技投入和积累使得我国科技发展整体水平有了很大提高，支撑新兴产业发展的 5G、人工智能、超级计算、量子信息等科技领域相继实现重大突破。在国际科技竞争的多条新赛道上，我国开始由历次工业革命成果的学习者和接受方转变为原始创新的发起者以及标准和规则的提供方。比如，在人工智能领域，我国专利申请数量快速增长；电子商务和社交平台的快速扩张，推动我国在图像和语言识别等人工智能的应用层走在世界前列。

与此同时，得益于超大规模国内市场优势、生产消费等环节生成的海量数据以及良好的发展环境，我国正在快速成长为数字经济大国，技术研发应用、商业模式创新等实现全方位发力，逐步具备了建设数字强国的条件，同时也有利于培育形成新兴产业发展所需要的生态系统。

此外，以推动"新基建"为契机，我国数字基础设施更新换代迎来投资热潮。随着 5G、智慧能源、智能交通等"新基建"项目投运，我国在基础设施方面的优势得以巩固和升级，为新兴产业高质量发展打下了坚实基础。

还要看到，推动新兴产业创新发展，与主要工业大国展开竞争，绝非坦途。从产业本身看，新兴科技的产业化发展面临诸多不确定性，多种因素会在不同程度上增加新科技产业化的障碍和投资预期收益风险，导致新兴产业发展走弯路、遇挫折。从外部环境看，目前这一领域的国际竞争多于合作，国际科技创新竞争日益加剧，大国博弈全面升级，必须坚持走自主创新的道路。从我国现实情况看，我们发展新兴产业的推进路径还相对单一，新兴产业整体上处于发育成长的初期，但部分领域却出现了低水平扩张的迹象。由于一些新兴产业的发展起点不高，在起步阶段就嵌入了价值链低端环节并形成了一定的路径依赖，致使技术含量和新产品附加值偏低、新商业模式盈利预期不明朗。此外，发展理念相对滞后、相关人才储备不足等问题，也需要重视并加以解决。

三、重在优化产业发展生态

"十四五"规划纲要将"发展壮大战略性新兴产业"作为加快发展现代产业体系、巩固壮大实体经济根基的重要内容，提出"着眼于抢占未来产业发展先机，培育先导性和支柱性产业，推动战略性新兴产业融合化、集群化、生态化发展，战略性新兴产业增加值占 GDP 比重超过 17%"的要求。实现这些目标，需重点在优化新兴产业发展生态上下足功夫、做好文章。既要坚持创新驱动，突出自主可控，着力锻造"长板"，将国家战略性需求转化为提升科技创新实力、构建现代产业体系的动力，持之以恒加强基础研发，加速形成若干未来产业，又要推动科技、产业、财税、投资、金融、贸易、就业、环境等多方面的政策融合和工具创新，共同支撑新兴领域的重大科技创新、核心技术和关键零部件研发、市场开发和消费理念更新、技术和产品标准体系建设、产业链延展增强、竞争规范和贸易规则重构等，加快形成国际竞争新优势。

一是完善科技创新体制机制，进一步理顺科技成果转化机制。加强知识产权保护，改善创新激励效果，加快新兴领域的商业化市场化进程。坚持开放集成式创新，创造条件，凝聚共识，发掘国际科技创新合作的新方向和新机遇。

二是加大新型基础设施建设投资力度，同步推进数字经济发展和智慧社会建设。打通各类数字端口，通过政府采购提高新产品新模式的市场认知度和辨识度，引导消费升级，充分释放新兴产业的市场潜力。

三是营造公平竞争的发展环境。一方面，鼓励各类资本有序投资，促进新兴产业市场主体多元化发展；另一方面，不断优化数据要素交易机制及数据收益分配方式，科学预判新兴产业组织结构变化及其影响，创新监管模式，切实维护企业数字权益，保护消费者隐私安全。

四是积极补足人才方面的"短板"。改革高校专业设置，大力培养人工智能算法工程师、大数据开发工程师、云运管工程师、5G 等新一代信息技术工程师、智能制造解决方案开发专家等紧缺的专业人才，力争形成政府、市场、企业、个人联合投入的生动局面，为在职员工提供适用的知识再造和能力提升方案，打造劳动力梯队，扩大新就业岗位规模。

（作者系中国社会科学院工业经济研究所新兴产业研究室主任、研究员杨丹辉；该文原载于 2021 年 8 月 23 日《经济日报》）

倾力提升产业链供应链的安全性和竞争力

产业链供应链安全性和竞争力是构建新发展格局的基础，也是统筹发展和安全的需要。中央全面深化改革委员会第十八次会议明确强调，要围绕畅通经济循环深化改革，在推动产业链供应链优化升级等方面推出更有针对性的改革举措，促进各项改革融会贯通、系统集成。如何聚焦影响产业链供应链安全的风险点和制约竞争力提升的短板弱项，提升我国产业链供应链自主可控能力和现代化水平，重塑产业国际竞争新优势，是构建新发展格局需要着重思考的问题。

一、构建新发展格局的必然要求和重要保障

产业链供应链既是构建新发展格局、实现国内大循环的"底盘"，也是打通国内国际双循环的"传动轴"。"底盘"不稳不安全，新发展格局就难以构建起来；"传动轴"动力不足、缺乏竞争力，我国参与国际循环就难以行稳致远。

首先，产业链供应链竞争力强是构建新发展格局的必然要求。改革开放以来，我国发挥劳动力成本、市场需求等优势，深度融入世界经济，建成了门类完整、规模最大、竞争力强的工业体系，成为全球第一制造业大国和全球产业链供应链的重要一环。近年来，随着人口红利逐渐减弱，我国制造业的传统优势减弱，劳动密集型产业加快向外转移，制造业发展面临双重压力，不仅中高端领域受到发达国家"再工业化"和振兴制造业的挑战，而且

中低端环节面临周边中低收入国家加大承接产业转移的威胁。面对挑战，只有提升我国产业链供应链竞争力，重塑制造业新优势，才能为我国在更高层次参与国际竞争、促进国内国际双循环提供有力支撑。

其次，产业链供应链安全稳定是构建新发展格局的重要保障。构建新发展格局要求畅通从生产、流通、分配到消费各个环节的循环，生产和流通是循环的起点和基础。在分工日益细化的今天，商品的生产和流通主要由产业链供应链来完成。经济全球化背景下，产业链供应链跨国布局和分工合作是普遍现象。这在一定程度上增加了产业链供应链的风险，需要各国密切合作确保顺畅运行。然而，近年来，世界处于百年未有之大变局，全球化遭遇逆风，贸易保护主义、单边主义抬头，全球产业链供应链面临重构，新冠疫情加速这个变局，全球经济不稳定性不确定性增强，我国产业链供应链安全稳定运行面临重大威胁。面对国际形势变化，只有增强产业链供应链自主可控能力，才能做到在关键时刻国内生产和供给不会受到影响，在极端情况下经济能够自我循环。

二、突破四个挑战　实现自主可控

要看到，按照构建新发展格局的要求，我国重点领域产业链供应链自主可控能力不强，部分关键核心技术安全隐患较大，提升产业链供应链安全性和竞争力面临诸多挑战。

一是重点领域关键核心技术严重受制于人。科技是大国博弈的焦点，关键核心技术是产业发展的命门，是重中之重。虽然我国工业门类齐全、产能庞大，制造业增加值占全球比重超过28%，货物出口连续多年稳居世界第一，但从贸易结构看，我国出口主要以中低技术、低附加值产品为主，高端技术、高附加值产品高度依赖进口，2020年我国芯片进口额高达3500亿美元。特别是在基础材料、基础零部件、关键设备、科学实验仪器仪表、工业软件等领域，我国供给短板明显，"卡脖子"技术较多，安全隐患较大。

二是产业链供应链共生发展的生态尚未形成。在产业相互渗透、交叉融合的现代经济中，单靠产业链某个环节单兵突破，难以提升产业链供应链安全和竞争力水平，需要整个链条上中下游密切合作、协同发力。目前，我国很多产业链前后向关联不够紧密，上下游协同创新能力有待提升，产业链供应链共生发展的生态尚未形成。以集成电路行业为例，很多地方企业发展所需的关键材料和大量危化品原料在本地和周边地区找不到配套企业。

三是高端专业人才供给和储备不足。提升产业链供应链安全性和竞争力，最终要靠专业化人才。受体制机制、社会环境等多种因素影响，我国集成电路、人工智能、生物医药等重点领域人才储备不足且流失较为严重。与此同时，受收入、户籍制度等因素影响，制造业人才流失也比较严重，部分高技能人才流向金融、信息服务业后收入至少翻倍，制造企业招引高端人才更加困难。

还要看到，目前我国科技国际合作面临严峻的外部环境。近年来，个别国家为保持科技竞争优势、控制国际竞争的制高点，不惜成本和代价对我国进行科技围堵，企图遏制我国的科技进步，打压我国高科技产业发展，我国与发达国家开展科技合作面临的挑战增多。

三、坚持系统观念精准施策

提升产业链供应链安全性和竞争力是一个系统工程，要抓住我国疫情防控得力、经济率先恢复的有利条件和个别国家技术封锁带来的倒逼机制，坚持系统观念，统筹国内国际两个大局，聚焦靶心，精准施策，不断增强我国产业链供应链自主可控能力和竞争力，为构建新发展格局、实现高质量发展奠定基础。

一是整合科技力量攻克关键核心技术。建立高风险领域的"卡脖子"技术清单，因"技"制宜，分类施策，采取"挂图作战"和"揭榜挂帅"等政府推动和市场化相结合的方式，强化产业链上下游之间的利益绑定与战略合作，以科研院所和领军企业为主导，联合产学研用及产业链上下游企业，加快攻克基础材料、基础零部件、关键装备、工业软件等领域的"卡脖子"技术。同时，要全面认识到，保产业链供应链安全不仅仅局限于突破关键核心技术和短板环节，更为重要的是要推动全链条协同创新和整体升级，通过加强全产业链创新能力建设，提升产业链供应链自主可控能力和现代化水平。

二是锻长补短提升产业链供应链现代化水平。一方面，要锻造长板，在我国处于领跑地位、有望形成战略反制的高铁、电力装备、新能源、通信设备等新兴产业领域，进一步拉大技术差距，巩固领先优势，锻造一批具有威慑力的"杀手锏"技术谱系。另一方面，要补齐短板，对我国短板弱项突出的重点产业链供应链，积极推动补链强链，特别是在断供风险较大领域构建必要的备份系统和多元化供给方案，增强产业链供应链弹性韧性。同时，要加强区域统筹，综合考虑发展需求和现实条件，强化"窗口指导"，防止无序投资和无序竞争。

三是强化产业链供应链协同创新的人才支撑。人才是破解核心技术"卡脖子"、提升产业链供应链安全性和竞争力的关键。一方面，聚焦构建产业链供应链共生发展的产业生态，通过"强基计划"等多种方式，大力培养国内高端人才。另一方面，通过"筑巢引凤"，在子女上学、就医养老、薪酬制度等方面，创造"类海外"的发展环境，吸引加大海内外领军人才和创新团队回国创新创业创造，同时也可以"靠凤筑巢"，在海外建立一支为我所用的高端人才队伍。

四是以高水平开放推进产业链供应链国际合作。实践证明，在全球化时代，产业链供应链越开放越安全，因为只有开放竞争，产业链供应链才有发展活力。为此，要拿捏好科技自立自强和开放合作的关系，既要坚持底线思维，加强重点领域和关键环节自主创新，加快构建自主可控的产业链供应链，牢牢掌握产业安全的主动权；又要秉持人类命运共同体的理念，以高水平开放深度融入全球经济中，加强与一切友好国家的产业链供应链合作，有效化解个别国家对我国的打压限制，做全球产业链供应链安全稳定的维护者和深化合作的推动者。

（作者系国家发展改革委价格成本调查中心主任、研究员黄汉权；该文原载于 2021 年 3 月 3 日《经济日报》）

加快打造智能制造升级版

党的二十大报告对推动制造业高端化、智能化、绿色化发展作出重大战略部署。2022 世界智能制造大会强调要将智能制造作为制造业转型升级的主攻方向。下一步，要立足中国制造业实际情况，夯实基础、完善标准、培育生态、强化应用，加快打造智能制造升级版。

智能制造是加快建设现代化产业体系的重要手段。当前，制造业生产模式已发生了深刻变革，智能制造是激发制造模式、生产组织方式及产业形态深刻变革的重要抓手，也是制造业实现高效率与高精度发展的核心所在。智能制造不仅有助于构建起中高端供给体系，并推动中国制造由价值链低端向高附加值两端延伸，还能促进全社会资源要素的泛在连接与优化配置，构建柔性、灵活、稳定的产业链、供应链，从而支撑我国经济高质量发展的新要求。要牢牢把握新一轮科技革命和产业变革的大势，就要加快推进新一代信息技术与制造业融合，以智能制造为主攻方向，推动制造业转型升级，加快建设现代化产业体系。

近年来，我国深入实施智能制造工程，智能制造已取得显著成效。应用规模和水平全球领先，重点工业企业关键工序数控化率和数字化研发设计工具普及率显著提高，一批智能示范工厂加快建成，石化、钢铁、建材等行业已拥有一批制造能力和智能化水平独步全球的领先企业。同时，制造业产业模式和企业形态加速变革，培育出大规模个性化定制、网络协同制造等一批新业态新模式，以及智能在线检测、人机协同作业等一批典型场景。保障体系初步构建，国家、细分行业智能制造标准体系不断完善，区域协同、行业联动、企业主导的发展格局基本形成。

当前，智能制造已到了打造升级版的时候。首要的是构建高效能创新体系，加强基础研究和关键技术研发，引领智能制造演进升级。要着力建设高水平产业体系，推进智能制造装备、系统解决方案等创新发展，加快数字基础设施建设。同时，形成高标准应用体系，持续开展智能制造试点示范行动，打造更多智能工厂和智慧供应链，聚焦标志性产品、骨干企业、人才和产业集群，加快推动中小企业数字化转型，鼓励建设智能制造先行区，优化智能制造推进体系。

要注意的是，发展智能制造要立足中国制造业实际情况。我国制造业存在着发展水平参差不齐的情况，要做好工业诊断分类，分类施策。智能制造不是目的而是手段，如果不解决基础不强的问题强行上马智能，那就会适得其反。推进智能制造，各国有各国的优势，中国的优势在于庞大的内需市场、丰富的人力资源和完整的工业基础。应依托自身产业基础，以智能制造工程为抓手，在研发和应用两端共同发力，努力在数控机床、智能传感等领域突破一批关键技术装备，并充分发挥我国互联网规模和应用优势，大力推广网络协同制造、个性化定制等智能制造新模式，加快重点领域智能化转型步伐。

（作者系经济日报社产经新闻部黄鑫；该文原载于 2022 年 11 月 29 日《经济日报》）

以现代化产业体系重塑新优势

　　准确理解把握现代化产业体系的战略内涵和决策部署，是构建现代化经济体系、推动经济高质量发展的必然要求，也是重塑我国产业新优势的迫切需要。

　　建设现代化产业体系，要筑牢实体经济之基。实体经济是一国经济的立身之本，是财富创造的根本源泉，特别是作为实体经济代表的制造业，更是强国之基、兴国之器。从国内外发展的经验看，没有强大的制造业，就没有强盛的国家和民族。要把制造业高质量发展作为构建现代化产业体系的关键环节，做实做强做优制造业，夯实大国制造的基础。要按照新发展理念的要求，在继续做大制造业总规模的基础上，提升产业链供应链水平，更好地满足人民群众对美好生活的需要，进一步增强制造业拓展海外市场的实力。

　　建设现代化产业体系，要强化创新驱动之本。创新是引领发展的第一动力，构建现代化的产业体系，离不开科技创新的支撑。当前，百年未有之大变局与世纪疫情交织叠加，我国面临的风险挑战前所未有，但仍处于重要的战略机遇期。要深入实施创新驱动发展战略，加快推进科技自立自强，攻坚"卡脖子"难题，牢牢掌握关键核心技术。要加快构建以企业为主体、市场为导向、产学研深度融合的科技创新体系，使科技创新成为提升产业持续发展的根本动力。

　　建设现代化产业体系，要激发市场主体之力。作为经济运行的微观基础，市场主体不仅是技术创新的主要推动者，也是引领产业升级的主导力量。市场主体在生产、服务、创新等方面的能力，直接关系到现代化产业体系建设的效率与质量。千方百计保护好市场主体，扎扎实实培育好市场主体，就是为经济发展积蓄力量，也是为建设现代化产业体系提供关键支撑。实践中，既要通过市场机制，引导市场主体更主动地投入到现代化产业体系建设中，更要通过市场主体的高质量发展，推动要素资源向更高效率部门集聚，不断增强现代化产业体系建设的内生动力。

建设现代化产业体系是一项系统性工程，不会一蹴而就，建设过程中还会遇到各种新问题新矛盾，需要保持战略定力，坚持目标导向和问题导向相结合，稳扎稳打、压茬推进。

一方面，要坚持发挥国家发展规划的战略导向作用，在做好统筹谋划和顶层设计的基础上，坚持有所为有所不为，更加注重各产业、各要素之间的内在关联性，兼顾发展需要和现实能力、中长期目标和短期目标，协同推进产业链上中下游和大中小企业融通发展，提升产业体系整体水平。

另一方面，要妥善处理好政府与市场的关系，在充分发挥市场在资源配置中决定性作用的基础上，更好发挥政府作用。要强化公平竞争政策基础地位，加强产业政策和竞争政策协同，在加快构建全国统一大市场的过程中，不断加快高标准市场体系建设，为现代化产业体系建设营造良好的发展环境。

（作者系经济日报社产经新闻部顾阳；该文原载于 2022 年 11 月 22 日《经济日报》）

锻造高水平自立自强的"强韧筋骨"

"要加快科技自立自强步伐，解决外国'卡脖子'问题""实现科教兴国战略、人才强国战略、创新驱动发展战略有效联动"。[①] 在主持中共中央政治局第二次集体学习时，习近平总书记再次深刻阐述了科技自立自强对于新发展格局的重大意义。这些重要论述和部署，蕴含着辩证分析"危"与"机"后确保发展安全的战略智慧，指明了开辟发展新领域新赛道、塑造发展新动能新优势的方向。

当前，世界各国围绕科技制高点的竞争空前激烈。我国科技发展正处在关键阶段，又面临逆全球化思潮暗流涌动带来的阻碍，科技自立自强不仅是发展问题，更是生存问题。

靠什么自立与自强？关键核心技术自主可控、拥有强大的科学技术原创能力、可持续产出重大原创科学思想和科技成果、优质创新要素高度集聚、创新人才层出不穷、社会充满创新活力……加快构建新发展格局、推动高质量发展，需要锻造高水平自立自强的"强韧筋骨"。

如何实现高水平？重在推动良性循环，深刻把握科技工作对接多样化动态化国家战略的整体机制，聚焦教育强国、科技强国、人才强国三个强国目标要求协同发力，切实做好战略规划统筹、法律政策文化统筹、科技及相关资源统筹。重在推动有效贯通，深刻把握构建新发展格局对我国参与全球科技治理提出的新要求，坚持原始创新、集成创新、开放创新一体设计，构建

---

① 《加快构建新发展格局　增强发展的安全性主动性》，《人民日报》2023 年 2 月 2 日。

与国际标准兼容的标准体系，提升未来产业国际市场话语权。重在推动深度融合，深刻把握打赢关键核心技术攻坚战的实践要求，通过体制机制改革，激发科研人员的创新活力，把科技创新与产业能力、人才培养紧密结合起来，一体推进短板攻关、迭代应用和创新生态培育。

锻造高水平自立自强的"强韧筋骨"是一场硬仗，要集中优势"兵力"获得主导权。国家层面，要健全新型举国体制，以集中强化国家战略科技力量的制度优势，助力推动关键核心技术攻关。政府不是科技创新的主体，应发挥关键核心技术攻关中的组织作用，深化科技体制改革，培育产学研深度融合的创新体系，解决好"由谁来创新""动力在哪里""成果如何用"等问题。

个体层面，要强化企业科技创新主体地位，塑造大中小微科技企业协同高效的创新格局，促进技术成果与重大需求相结合。科技型骨干企业要发挥引领支撑作用，主动承担国家重大科技任务和关键核心技术攻关，加快建设世界一流企业。培育企业创新平台和基地，整合集聚优势资源，促进产业链上中下游企业合作对接，为中小企业发展营造良好环境，激发涌现更多聚焦主业、精耕细作的专精特新中小企业。

近期，《关于完善科技激励机制的意见》印发，不少地方的科创项目投资建设也在不断提速。奋跃而上，是我们面对这场硬仗的态度。以国家需求为导向，持之以恒奋力攀登，奋进的中国汇聚合力，一定能在国际竞争中赢得大势、赢得主动、赢得未来。

（作者系经济日报社评论部牛瑾；该文原载于2023年2月8日《经济日报》）

切实落实"两个毫不动摇"

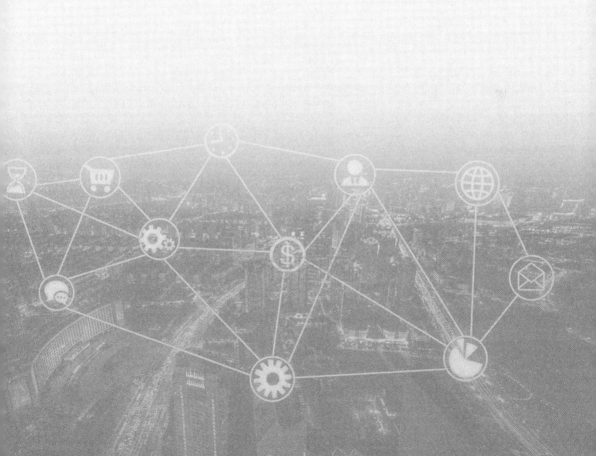

构建高水平社会主义市场经济体制

未来五年是全面建设社会主义现代化国家开局起步的关键时期。习近平总书记在党的二十大报告中明确提出，"改革开放迈出新步伐，国家治理体系和治理能力现代化深入推进，社会主义市场经济体制更加完善"是未来五年的主要目标任务之一。前进道路上，要牢牢把握重大原则，深入推进改革创新，着力破解深层次体制机制障碍，构建高水平社会主义市场经济体制，不断提高国家治理体系和治理能力现代化水平，不断彰显中国特色社会主义制度优势，不断增强社会主义现代化建设的动力和活力，把我国制度优势更好转化为国家治理效能。

一、坚持和完善基本经济制度，激发市场主体活力

社会主义市场经济体制是中国特色社会主义的重大理论和实践创新，是社会主义基本经济制度的重要组成部分。要按照党的二十大报告部署，坚持和完善社会主义基本经济制度，毫不动摇巩固和发展公有制经济，毫不动摇鼓励、支持、引导非公有制经济发展。

坚持和完善社会主义基本经济制度。我国基本经济制度是中国特色社会主义制度的重要支柱。公有制为主体、多种所有制经济共同发展，按劳分配为主体、多种分配方式并存，社会主义市场经济体制等社会主义基本经济制度，既体现了社会主义制度的优越性，又同我国社会主义初级阶段社会生产力发展水平相适应，既有利于激发各类市场主体活力、解放和发展社会生产

力，又有利于促进效率和公平有机统一、不断实现共同富裕。社会主义基本经济制度在经济制度体系中具有基础性决定性地位，对其他领域制度建设及国家治理效能有重要影响，要将社会主义基本经济制度坚持好、巩固好，完善好、发展好，使其更加成熟、更加定型。

加快国有经济布局优化和结构调整。推动国有资本和国有企业做强做优做大，围绕服务国家战略，坚持有所为有所不为，强化国有经济对战略安全、产业引领、国计民生、公共服务等领域的战略支撑作用，推动国有经济向关系国家安全、国民经济命脉的重要行业集中，向前瞻性战略性新兴产业、公共服务、应急能力建设和公益性等重要行业和关键领域集中，进一步增强国有经济竞争力、创新力、控制力、影响力和抗风险能力。

深化国有企业改革。要积极完善中国特色现代企业制度，加快建设世界一流企业。坚持党对国有企业的全面领导，促进加强党的领导和完善公司治理相统一。按照完善治理、强化激励、突出主业、提高效率的要求，深化国有企业混合所有制改革。推行经理层成员任期制和契约化管理，完善市场化薪酬分配、中长期激励机制。优化管资本方式，全面实行清单管理。深化国有资本投资运营公司改革，科学合理界定政府及国资监管机构、国有资本投资、运营公司和所持股企业的权利边界。继续积极完善国有资产监管体制，加快推进经营性国有资产集中统一监管。

持续优化民营企业发展环境。习近平总书记在党的二十大报告中强调，"优化民营企业发展环境，依法保护民营企业产权和企业家权益，促进民营经济发展壮大"。要健全支持民营企业发展的法治、政策和市场环境，保障民营企业依法平等使用资源要素、公开公平公正参与竞争、同等受到法律保护。进一步放宽民营企业市场准入，破除招投标等领域各种壁垒。创新金融支持民营企业政策工具，健全融资增信支持体系，降低综合融资成本。构建亲清政商关系，建立规范化机制化政企沟通渠道。支持民营企业开展基础研究和科技创新、参与关键核心技术研发和国家重大科技项目攻关。完善民营企业参与国家重大战略实施机制。实施年轻一代民营企业家健康成长促进计划。

积极支持中小微企业发展。要继续深化简政放权、放管结合、优化服务改革。完善促进中小微企业和个体工商户发展的政策体系，加大税费优惠和信贷支持力度。致力解决中小微企业融资难融资贵问题，为中小微企业融资提供可靠、高效、便捷的服务。加快公共服务体系建设，支持建立面向中小微企业的共性技术服务平台，积极发展技术市场，为中小微企业自主创新提供技术支持和专业化服务。引导相关企业利用产权市场组合民间资本，开展跨地区、跨行业兼并重组。进一步清理、精简涉及民间投资管理的行政审批事项和涉企收费，规范中间环节、中介组织行为，减轻企业负担，降低企业成本。

二、充分发挥市场决定性作用，构建全国统一市场

习近平总书记指出，"理论和实践都证明，市场配置资源是最有效率的形式""市场决定资源配置是市场经济的一般规律"。① 要按照党的二十大报告部署，构建全国统一大市场，深化要素市场化改革，建设高标准市场体系，完善产权保护、市场准入、公平竞争、社会信用等市场经济基础制度，优化营商环境。

强化市场基础制度规则统一。基础制度规则的统一是建设全国统一大市场的前提和保障。要健全归属清晰、权责明确、保护严格、流转顺畅的现代产权制度。健全以公平为原则的产权保护制度，依法平等保护国有、民营、外资等各种所有制企业产权。健全产权执法司法保护制度，推动涉企冤错案件依法甄别纠正常态化机制化。加强数据、知识、环境等领域产权制度建设。实行统一的市场准入制度，严格落实"全国一张清单"管理模式，依法开展市场主体登记注册工作，制定全国通用性资格清单。健全公平竞争制度

---

① 《习近平谈治国理政》，外文出版社 2014 年版，第 77 页。

框架和政策实施机制，建立公平竞争政策与产业政策协调保障机制。健全统一的社会信用制度，形成覆盖全部信用主体、所有信用信息类别、全国所有区域的信用信息网络。

加快要素市场化改革步伐。完善要素市场是构建全国统一大市场的重要组成部分，是深化市场化改革的重点任务。要着力推进土地要素市场化配置改革，建立健全城乡统一的建设用地市场，统筹推进农村土地征收、集体经营性建设用地入市、宅基地制度改革。改革土地计划管理方式，赋予省级政府更大用地自主权，探索建立全国性的建设用地、补充耕地指标跨区域交易机制。着力推进人力资源要素市场化配置改革，健全统一规范的人力资源市场体系，破除劳动力和人才在城乡、区域和不同所有制单位间的流动障碍，减少人事档案管理中的不合理限制。加快发展技术和数据要素市场，健全要素市场运行机制，完善交易规则和服务体系。

推进市场监管公平统一。要健全统一市场监管规则，加强市场监管行政立法工作，完善市场监管程序，推进市场监管标准化规范化建设，增强市场监管制度和政策的稳定性、可预期性。强化统一市场监管执法，推进维护统一市场综合执法能力建设，加大知识产权保护、反垄断、反不正当竞争执法力度。全面提升市场监管能力，完善"双随机、一公开"监管、信用监管、"互联网＋"监管、跨部门协同监管等方式，加强各类监管的衔接配合。健全反垄断法律规则体系，完善公平竞争审查制度。对市场主体、消费者反映强烈的重点行业和领域，加强全链条竞争监管执法，以公正监管保障公平竞争。破除地方保护和区域壁垒，清理废除妨碍依法平等准入和退出的规定做法，持续清理招标采购领域违反统一市场建设的规定和做法。

三、更好发挥政府作用，健全宏观经济治理体系

习近平总书记指出，"我国实行的是社会主义市场经济体制，我们仍然要坚持发挥我国社会主义制度的优越性、发挥党和政府的积极作用""科学

的宏观调控，有效的政府治理，是发挥社会主义市场经济体制优势的内在要求"。① 要按照党的二十大报告部署，健全宏观经济治理体系，发挥国家发展规划的战略导向作用，加强财政政策和货币政策协调配合。

完善宏观经济治理。健全以国家发展规划为战略导向，以财政政策和货币政策为主要手段，就业、产业、投资、消费、环保、区域等政策紧密配合，目标优化、分工合理、高效协同的宏观经济治理体系。增强国家发展规划对公共预算、国土开发、资源配置等政策的宏观引导、统筹协调功能，健全宏观政策制定和执行机制，重视预期管理和引导，合理把握经济增长、就业、价格、国际收支等调控目标，在区间调控基础上加强定向调控、相机调控和精准调控。完善宏观调控政策体系，搞好跨周期政策设计，提高逆周期调节能力，促进经济总量平衡、结构优化、内外均衡。加强宏观经济治理数据库建设，提升大数据等现代技术手段辅助治理能力，推进统计现代化改革。健全宏观经济政策评估评价制度和重大风险识别预警机制，畅通政策制定参与渠道，提高决策科学化、民主化、法治化水平。

加快建立现代财税制度。健全现代预算制度，加强财政资源统筹，强化预算约束和绩效管理，完善跨年度预算平衡机制，加强中期财政规划管理，增强国家重大战略任务财力保障。建立权责清晰、财力协调、区域均衡的中央和地方财政关系，健全省以下财政体制，增强基层公共服务保障能力。完善财政转移支付制度，优化转移支付结构。建立健全规范的地方政府举债融资机制。优化税制结构，健全直接税体系，完善个人所得税制度。聚焦支持稳定制造业、巩固产业链供应链，进一步优化增值税制度。调整优化消费税征收范围和税率，规范完善税收优惠，稳步推进房地产税立法，健全地方税体系，逐步扩大地方税政管理权。

深化金融体制改革。健全具有高度适应性、竞争力、普惠性的现代金融体系，构建金融有效支持实体经济的体制机制。完善货币供应调控机制，稳

---

① 《习近平谈治国理政》，外文出版社 2014 年版，第 77、117—118 页。

妥推进数字货币研发，健全市场化利率形成和传导机制，优化金融体系结构。健全资本市场功能，提高直接融资比重，依法规范和引导资本健康发展。完善资本市场基础制度，健全多层次资本市场体系，大力发展机构投资者，提高直接融资特别是股权融资比重。加强和完善现代金融监管，强化金融稳定保障体系，提升金融监管透明度和法治化水平，依法将各类金融活动全部纳入监管，守住不发生系统性风险底线。

（作者系北京市习近平新时代中国特色社会主义思想研究中心研究员丁茂战；该文原载于 2022 年 12 月 27 日《经济日报》）

深化对社会主义基本经济制度的认识

党的十九届六中全会通过的《中共中央关于党的百年奋斗重大成就和历史经验的决议》，将党的十九大报告概括的"八个明确"拓展为"十个明确"，其中第七个"明确"是"明确必须坚持和完善社会主义基本经济制度，使市场在资源配置中起决定性作用，更好发挥政府作用，把握新发展阶段，贯彻创新、协调、绿色、开放、共享的新发展理念，加快构建以国内大循环为主体、国内国际双循环相互促进的新发展格局，推动高质量发展，统筹发展和安全"。对此，我们要深入学习领会，进一步深化对社会主义基本经济制度的认识。

社会主义基本经济制度是中国特色社会主义制度的重要支柱。坚持和完善社会主义基本经济制度，是我国经济发展的制度基础。经过不懈探索，党的十九届四中全会提出，"公有制为主体、多种所有制经济共同发展，按劳分配为主体、多种分配方式并存，社会主义市场经济体制等社会主义基本经济制度，既体现了社会主义制度优越性，又同我国社会主义初级阶段社会生产力发展水平相适应，是党和人民的伟大创造"。对社会主义基本经济制度的新概括，着眼于社会再生产全过程，从生产资料所有制、收入分配制度、资源配置方式等方面阐述了社会主义基本经济制度的内涵，标志着我们党对社会主义基本经济制度的认识提高到一个新境界。

一、社会主义基本经济制度的内涵

依据马克思主义政治经济学基本原理，社会再生产过程是由生产、分配、交换和消费相互联系形成的有机统一体。生产关系决定分配关系、交换关系和消费关系。在生产关系中，生产资料所有制处于核心地位，规定了社会总产品在不同主体间的分配、交换和消费方式，决定着社会的基本性质和发展方向。

在资本主义社会，生产资料私有制不仅引起财富和收入分配的两极分化，而且造成了资本积累与社会消费间的矛盾，其宏观经济后果是生产过剩、比例失衡乃至经济危机。

我国经济发展的经验表明，公有制经济为国家建设、国防安全、人民生活改善作出了突出贡献。坚持和完善社会主义基本经济制度，公有制主体地位不能动摇、国有经济主导作用不能动摇，是保证我国各族人民共享发展成果的制度性保证，也是巩固党的执政地位、坚持我国社会主义制度的重要保证。同时也要看到，我国非公有制经济是改革开放以来在党的方针政策指引下发展起来的，是社会主义市场经济的重要组成部分。非公有制经济是国家税收的重要来源，是技术创新的重要主体，是金融发展的重要依托，是经济持续健康发展的重要力量。公有制经济与非公有制经济各自发挥着不可替代的作用，二者相辅相成、相得益彰。我们要毫不动摇巩固和发展公有制经济，毫不动摇鼓励、支持、引导非公有制经济发展，在改革实践中推动各种所有制取长补短、相互促进、共同发展。

马克思指出，分配的结构完全决定于生产的结构。公有制为主体与按劳分配为主体，二者是相辅相成的关系。公有制经济的收益归全体人民共同所有和共同使用，是消除收入分配两极分化、最终实现共同富裕的制度基础。正是由于我们坚持了公有制的主体地位，才能在分配环节保证按劳分配的主体地位，逐步提高劳动报酬在初次分配中的比重，通过再分配和第三次分配调节收入分配。同时，完善按要素分配政策。坚持按劳分配为主体、多种分配方式并存，有利于充分调动各方面积极性，有利于实现效率和公平的有机统一，能够科学规范收入分配秩序，不断推动居民收入增长和经济增长同步、劳动报酬提高和劳动生产率提高同步，让广大人民群众共享改革发展成果，朝着共同富裕目标扎实迈进。

市场配置资源是最有效率的形式。市场决定资源配置是市场经济的一般规律，市场经济本质上就是市场决定资源配置的经济。充分发挥市场在资源配置中的决定性作用，是合理配置经济资源的现实形式。健全社会主义市场经济体制，必须遵循这条规律，着力解决市场体系不完善等问题，建设全国统一大市场，减少政府对微观经济活动的直接干预，把市场机制能有效调节的经济活动交给市场。同时，我们是在中国共产党领导和社会主义制度的大前提下发展市场经济，什么时候都不能忘了"社会主义"这个定语。政府的职责和作用主要是保持宏观经济稳定，加强和优化公共服务，保障公平竞争，加强市场监管，维护市场秩序，推动可持续发展，促进共同富裕，弥补市场失灵。在市场作用和政府作用问题上，要讲辩证法、两点论，不能把二者割裂开来、对立起来。构建高水平的社会主义市场经济体制，必须让"看不见的手"和"看得见的手"协同发力，推动有效市场和有为政府更好结合。

二、新征程上发挥制度优势至关重要

习近平总书记指出，"制度优势是一个国家的最大优势，制度竞争是国家间最根本的竞争"[1]。党的十九届四中全会总结了我国国家制度和国家治理体系具有的多方面显著优势，其中很重要的一条就是"坚持公有制为主体、多种所有制经济共同发展和按劳分配为主体、多种分配方式并存，把社会主义制度和市场经济有机结合起来，不断解放和发展社会生产力的显著优势"。

全面建成小康社会后，我们踏上全面建设社会主义现代化国家新征程。与西方国家的现代化不同，我国现代化是人口规模巨大的现代化，是全体人民共同富裕的现代化，是物质文明和精神文明相协调的现代化，是人与自然和谐共生的现代化，是走和平发展道路的现代化。全面建设社会主义现代化

---

[1] 《习近平谈治国理政》第三卷，外文出版社 2020 年版，第 119 页。

国家，必须贯彻新发展理念、构建新发展格局，推动高质量发展，这些都离不开社会主义基本经济制度的基础性支撑。

贯彻创新、协调、绿色、开放、共享的新发展理念，明确了我国现代化建设的指导原则。为人民谋幸福、为民族谋复兴，既是我们党领导现代化建设的出发点和落脚点，也是新发展理念的"根"和"魂"。只有坚持和完善社会主义基本经济制度，才能确保发展为了人民、发展依靠人民、发展成果由人民共享，不断促进共同富裕。只有充分发挥社会主义基本经济制度的优势，才能充分调动广大人民群众的积极性、主动性和创造性，解决好发展动力问题、发展不平衡问题、人与自然和谐问题、发展内外联动问题和社会公平正义问题，使新发展理念成为指挥棒、红绿灯，真正实现创新成为第一动力、协调成为内生特点、绿色成为普遍形态、开放成为必由之路、共享成为根本目的的发展。

构建以国内大循环为主体、国内国际双循环相互促进的新发展格局，明确了我国经济现代化的路径选择。习近平总书记指出，"构建新发展格局的关键在于经济循环的畅通无阻""最本质的特征是实现高水平的自立自强"。[1]当前，百年变局和世纪疫情相互叠加，经济全球化遭遇逆流，国际经济循环格局发生深度调整，各国内顾倾向上升。只有坚持和完善社会主义基本经济制度，才能充分发挥我国集中力量办大事、工业体系完整、超大规模市场等优势，扎实推进科技创新，打通生产、分配、流通、消费各个环节，打通经济循环堵点，消除瓶颈制约，形成强大的国内经济循环体系和稳固的基本盘，并以此形成对全球要素资源的强大吸引力、在激烈国际竞争中的强大竞争力、在全球资源配置中的强大推动力。

（作者系教育部习近平新时代中国特色社会主义思想研究中心研究员、南开大学马克思主义学院教授王生升；该文原载于 2022 年 7 月 19 日《经济日报》）

---

[1]　《习近平谈治国理政》第四卷，外文出版社 2022 年版，第 176、177 页。

坚持"两个毫不动摇" 扎实推动共同富裕

实现共同富裕是千百年来中国人民最美好的愿望和理想，也是中国共产党人矢志奋斗的目标。习近平总书记指出，"促进全体人民共同富裕是一项长期任务"①。共同富裕是全体人民的富裕，是人民群众物质生活和精神生活都富裕，不是少数人的富裕，也不是整齐划一的平均主义，要分阶段促进共同富裕。中央财经委员会第十次会议强调，要坚持基本经济制度，立足社会主义初级阶段，坚持"两个毫不动摇"，坚持公有制为主体、多种所有制经济共同发展，允许一部分人先富起来，先富带后富、帮后富，重点鼓励辛勤劳动、合法经营、敢于创业的致富带头人。

立足所处的历史方位，我们必须清醒地认识到，要在高质量发展中促进共同富裕，就必须坚持"两个毫不动摇"，坚持和完善社会主义基本经济制度，通过深化改革进一步解放和发展生产力，推动全体人民共同富裕取得更为明显的实质性进展。

一、从所处历史方位正确认识和把握共同富裕

马克思主义是关于实现人的自由全面发展的科学理论，为最终建立一个没有压迫、没有剥削、人人平等、人人自由的理想社会指明了方向。马克思、恩格斯指出，"无产阶级的运动是绝大多数人的、为绝大多数人谋利益

---

① 《习近平谈治国理政》第四卷，外文出版社 2022 年版，第 116 页。

的独立的运动"①，在未来社会"生产将以所有的人富裕为目的"②。实现共同富裕是马克思主义为未来社会设定的一个基本目标，彰显社会主义的本质要求和价值追求，也从根本上体现社会主义制度的优越性。

作为马克思主义政党，中国共产党成立以来始终带领人民为创造美好生活、实现共同富裕而不懈奋斗。新中国成立初期，毛泽东就指出，"现在我们实行这么一种制度，这么一种计划，是可以一年一年走向更富更强的，一年一年可以看到更富更强些。而这个富，是共同的富，这个强，是共同的强，大家都有份"③。改革开放后，邓小平强调，"社会主义的本质，是解放生产力，发展生产力，消灭剥削，消除两极分化，最终达到共同富裕"④。党的十八大以来，中国特色社会主义进入新时代，我国社会主要矛盾已经转化为人民日益增长的美好生活需要和不平衡不充分的发展之间的矛盾。习近平总书记强调，"我们追求的富裕是全体人民共同富裕"⑤"消除贫困、改善民生、逐步实现共同富裕，是社会主义的本质要求，是我们党的重要使命"⑥。

正确认识党和人民事业所处的历史方位和发展阶段，是我们党明确阶段性中心任务、制定路线方针政策的根本依据，也是我们党领导革命、建设、改革不断取得胜利的重要经验。随着"十三五"规划圆满收官，我国经济实力、科技实力、综合国力和人民生活水平又跃上新的大台阶，我国人均国内生产总值突破1万美元，国内生产总值突破100万亿元，经济总量稳居世界第二位。我国科技研发经费投入强度达到中等发达国家水平，在一些基础和前沿领域取得一大批标志性成果，劳动年龄人口保持在9亿人左右。我国产业基础、产业链现代化水平明显提高，是世界上唯一拥有联合国产业分

---

① 《马克思恩格斯文集》第2卷，人民出版社2009年版，第42页。

② 《马克思恩格斯文集》第8卷，人民出版社2009年版，第200页。

③ 《毛泽东文集》第六卷，人民出版社1999年版，第495页。

④ 《邓小平文选》第三卷，人民出版社1993年版，第373页。

⑤ 中共中央文献研究室编：《习近平关于社会主义社会建设论述摘编》，中央文献出版社2017年版，第35页。

⑥ 《习近平谈治国理政》第二卷，外文出版社2017年版，第83页。

类中全部工业门类的国家。我国取得了脱贫攻坚战的全面胜利，现行标准下 9899 万农村贫困人口全部脱贫，区域性整体贫困得到解决，完成了消除绝对贫困的艰巨任务，标志着我们党在团结带领人民创造美好生活、实现共同富裕的道路上迈出了坚实的一大步。如此雄厚的物质基础、强大的科技实力、丰富的人力资源、完善的产业体系，为进一步推动全体人民共同富裕取得更为明显的实质性进展奠定了坚实基础。

我国全面建成小康社会、实现第一个百年奋斗目标之后，乘势而上开启全面建设社会主义现代化国家新征程，向第二个百年奋斗目标进军。进入新发展阶段明确了我国发展的历史方位。习近平总书记在中共中央政治局第二十七次集体学习时强调，"进入新发展阶段，完整、准确、全面贯彻新发展理念，必须更加注重共同富裕问题"[1]。"十四五"规划纲要强调"坚持共同富裕方向"，并提出了"十四五"时期要实现"民生福祉达到新水平"的目标，全体人民共同富裕迈出坚实步伐，进而到 2035 年实现"人民生活更加美好，人的全面发展、全体人民共同富裕取得更为明显的实质性进展"的目标。这是进入新发展阶段对共同富裕提出的与时俱进的新要求，也是实现第二个百年奋斗目标的重大战略部署。

二、进一步解放和发展生产力必须坚持"两个毫不动摇"

共同富裕目标，只有在生产力高度发展的基础上才能充分实现，这需要一个漫长的历史过程。我国处于并将长期处于社会主义初级阶段的基本国情，决定了实现共同富裕目标的长期性和艰巨性。全体人民共同富裕，不能脱离正处于并将长期处于社会主义初级阶段的实际情况，不能超越发展阶段和发展水平，要尽力而为量力而行，根据现有条件把能做的事情尽量做

---

[1] 习近平：《论把握新发展阶段、贯彻新发展理念、构建新发展格局》，中央文献出版社 2021 年版，第 502 页。

起来。

共同富裕是一个系统工程，体现着生产力与生产关系的辩证统一，代表着生产效率的极大提高。发展是解决我国一切问题的基础和关键。没有高质量的发展，没有扎扎实实的发展成果，共同富裕就无从谈起。只有生产力高度发展了，物质财富的"蛋糕"做大做好了，才能更公平地分配，才能对分配做更好的制度安排。着眼于共同富裕取得更为明显的实质性进展，必须首先着力推动生产力的发展进步。

发展生产力，重要的是要有配套的生产关系。共同富裕是社会主义制度优越性的体现，其根本在于通过构建合理的生产关系，进一步解放和发展生产力，为全体人民共同富裕创造必要的物质条件。公有制为主体、多种所有制经济共同发展，按劳分配为主体、多种分配方式并存，社会主义市场经济体制等社会主义基本经济制度，既体现了社会主义制度优越性，又同我国社会主义初级阶段社会生产力发展水平相适应，是党和人民的伟大创造。我们党在坚持基本经济制度上的观点是明确的、一贯的，强调"毫不动摇巩固和发展公有制经济，毫不动摇鼓励、支持、引导非公有制经济发展"，这一重要论断是对马克思主义所有制理论的丰富和发展，是科学社会主义理论和实践的重大创新，是同我国社会主义初级阶段生产力发展水平相适应的。

与资本主义私有制条件下少数人的富足不同，社会主义追求的是全体人民的共同富裕。公有制经济不仅包括国有经济、集体经济，还包括混合所有制经济中的国有成分和集体成分。以公有制为主体的所有制结构，为按劳分配和全体人民共享社会财富提供了重要的制度保障。非公有制经济是社会主义市场经济发展的重要成果，也是推进供给侧结构性改革、推动高质量发展、建设现代化经济体系的重要主体。改革开放以来，我国非公有制经济从小到大、从弱到强，不断发展壮大，已经成为推动我国发展不可或缺的力量。对于非公有制经济的地位和作用，习近平总书记明确提出"三个没有变"的重要判断："非公有制经济在我国经济社会发展中的地位和作用没有变，我们毫不动摇鼓励、支持、引导非公有制经济发展的方针政策没有变，我们致力于为非公有制经济发展营造良好环境和提供更多机会的方针政策没有变。"① 新的征程上，要毫不动摇巩固和发展公有制经济，毫不动摇鼓励、支持、引导非公有制经济发展，支持公有制经济和非公有制经济共同发展、共同发挥重要作用，扎实推动共同富裕。

[作者系中央党校（国家行政学院）习近平新时代中国特色社会主义思想研究中心研究员许宝健；该文原载于 2022 年 5 月 5 日《经济日报》]

---

① 《习近平谈治国理政》第二卷，外文出版社 2017 年版，第 259 页。

着力提振民营经济发展信心

2023 年新年伊始，各地政府工作报告释放出鼓励支持民营经济发展壮大的强烈信号，纷纷从完善支持民营经济发展政策体系、大力提振民营企业发展信心、构建亲清政商关系、依法保护民营企业产权和企业家权益等多个方面，为民营经济发展出实招。

例如，福建省提出，实施新时代民营经济强省战略，从政策和舆论上鼓励支持民营经济和民营企业发展壮大，让民营企业家大胆创新、放心创业、放手创造。四川省提出，针对民营企业面临的困难出台更有含金量的政策和举措，提振信心，促进民营经济发展整体改观。全面清理和废止阻碍参与公平竞争的政策规定，开展清理拖欠民营企业账款和涉企收费专项整治。辽宁省提出，打破影响平等准入的各种壁垒，支持民间资本参与重大工程和项目建设，引导民营企业参与国企混合所有制改革，鼓励民间资本以多种方式盘活国有存量资产。安徽省提出，构建亲清统一的新型政商关系，建立政商交往正负面清单，倾心倾力为民营企业解难题、办实事，让尊重、理解和成全企业家的创新创业创造，成为弘扬企业家精神最鲜明的态度和最有力的行动。

改革开放以来，我国经济发展能够创造中国奇迹，民营经济功不可没。民营经济从小到大、由弱变强，在稳定增长、促进创新、增加就业、改善民生等方面发挥了重要作用，成为推动经济社会发展的重要力量。我们经常用"五六七八九"来形容民营经济的特征，即贡献了 50% 以上的税收，60% 以上的国内生产总值，70% 以上的技术创新成果，80% 以上的城镇劳动就业，

90%以上的企业数量。新时代 10 年，我国民营企业从 1085.7 万户增长到 4457.5 万户，数量翻了两番，在企业总量中的占比由 79.4%提高到 92.1%。

当前，民营企业发展面临的挑战和困难依然不小，一些民营企业出现投资方向不明、意愿不强、动力不足问题，民营经济活力有待进一步激发。促进民营经济进一步发展壮大，信心是关键，公平是基础，创新是核心。

稳预期、强信心，让民营企业安心经营放手拼搏。信心比黄金更重要，要切实落实"两个毫不动摇"，依法保护民营企业产权和企业家权益，保障民营企业依法公平参与市场竞争、平等使用生产要素。正如中央经济工作会议所强调的，要从制度和法律上把对国企民企平等对待的要求落下来，从政策和舆论上鼓励支持民营经济和民营企业发展壮大。

解难题、办实事，助力民营企业轻装前行。我国企业绝大多数是民营企业，而民营企业绝大多数又是小微企业。要聚焦民营企业发展中的痛点难点堵点，破解融资难融资贵等突出问题，切实减轻相关行业领域特别是小微民营企业负担。

促改革、谋创新，推动民营经济在高质量发展中勇担主力。民营经济是在改革开放中成长壮大的，也将在深化改革中走向更宽广的舞台。要充分发挥市场在资源配置中的决定性作用，更好发挥政府帮扶引导作用，推动构建亲清政商关系，不断优化营商环境，大力弘扬企业家精神，激发民营企业创新创造活力，推动形成民营经济百舸争流、千帆竞发的良好局面。

（作者系经济日报社产经新闻部熊丽；该文原载于 2023 年 1 月 31 日《经济日报》）

加大对民营企业融资支持

2022 年 11 月 23 日，中债增进公司在民企债券融资支持工具，也就是"第二支箭"的政策框架下，出具对龙湖集团、美的置业、金辉集团 3 家民营房企发债信用增进函，拟首批分别支持 3 家企业发行 20 亿元、15 亿元、12 亿元中期票据，后续将根据企业需求提供持续增信发债服务。这是"第二支箭"延期并扩容政策实施后首批信用增进业务，标志着金融支持民企"第二支箭"政策正在快速扎实落地。

"第二支箭"是金融支持民企融资政策组合中的一项。2018 年，为化解民营企业、小微企业融资困难，中国人民银行会同有关部门推出"三支箭"的政策组合。其中，"第一支箭"是民营企业信贷支持，"第二支箭"是民营企业债券融资支持工具，"第三支箭"是民营企业股权融资支持工具，目的是支持民营企业拓宽融资途径，缓解民营企业"缺水"难题。2022 年 11 月，"第二支箭"延期并扩容，明确将支持包括房地产企业在内的民营企业发债融资。预计可支持约 2500 亿元民营企业债券融资，后续可视情况进一步扩容。这些措施有助于帮助金融市场"纠偏"，破解金融机构过度避险的现状，引导市场理性看待民营企业融资主体，支持包括房地产企业在内的民营企业破解融资难题。

民企融资难融资贵是一个长期性问题。民营企业抗风险能力较差，其经营情况更容易受到经济波动的影响。在经济下行压力较大时，民营企业经营困难、融资能力下降的现象往往较为突出。而此时，金融机构的风险偏好也容易顺周期下降，尤其是在部分民企出现风险违约事件之后，金融机构更容易产生过度避险行为，对民企融资"一刀切"。这些因素共同叠加共振，容易在经济下行压力之下加重民营企业融资难融资贵的现象。近年来，叠加新冠疫情冲击，我国民营企业特别是其中的小微企业遭遇经营发展困难，融资状况并不乐观。

在此背景下，加大对民营企业的金融支持力度迫在眉睫。党的二十大报告强调"两个毫不动摇"，要坚持和完善社会主义基本经济制度，毫不动摇巩固和发展公有制经济，毫不动摇鼓励、支持、引导非公有制经济发展，充分发挥市场在资源配置中的决定性作用，更好发挥政府作用。同时指出，优化民营企业发展环境，依法保护民营企业产权和企业家权益，促进民营经济发展壮大。民营经济发展壮大离不开与之经营发展相适应的金融环境，尤其是在当前的经济形势下，金融更需进一步加大对民企的支持力度，引导更多金融"活水"精准流向民营企业，帮助市场主体恢复信心，增强发展动力。接下来，银行业金融机构必须坚持"两个毫不动摇"，不断优化民营企业发展的金融环境，进一步完善民营企业金融服务机制，持续提升民营企业金融服务质效，激发民营企业活力和创造力，帮助民营经济摆脱困难、发展壮大。

（作者系经济日报社财金新闻部陈果静；该文原载于 2022 年 11 月 25 日《经济日报》）

发挥政策效能支持民企发展

2022 年 9 月召开的国务院常务会议决定，对部分行政事业性收费和保证金实行阶段性缓缴，进一步帮助市场主体减负纾困。相关政策释放积极信号，有利于民营企业进一步稳定预期、增强信心。

民营企业是我国高质量发展的重要生力军，是深化改革、开创新局面的积极推动者。2022 年以来，国际环境复杂严峻，超预期突发因素给民营企业生产经营带来冲击。国家及时推出助企纾困举措，通过减税降费、融资支持、稳岗扩岗、减免租金等直接有效的政策帮扶，支持民营企业稳定经营、迎难而上。事实表明，相关政策稳预期、强信心成效明显。

营商环境不断优化，各项惠企政策直达市场主体，体现出国家支持民营企业更好更快发展的决心。良好的制度供给和政策环境增强了民营企业爬坡过坎、积极作为的底气和实力，也将进一步巩固我国经济恢复基础。

也要看到，当前外部环境不稳定不确定性因素较多，需求收缩、供给冲击、预期转弱三重压力尚未根本扭转，经济恢复基础仍不牢固，企业压力犹存，还需政策接续发力。

对于已出台的政策措施，当务之急是要落实到位。各部门各地区要尽快出台细化配套措施，做到落实快、协调快、见效快，让民营企业"解渴"受益。对于各类政策，要加强宣传和服务，确保民营企业应享尽享。

同时，要密切跟踪宏观经济形势和企业经营态势，聚焦民营企业的共性问题和普遍诉求，充实完善政策储备工具箱，为民营企业发展注入动力；针对不同民企的行业特点和实际痛点，因时因事精准施策，对工业企业及时细化保供稳价、用地用能和环境保护等方面具体措施，对服务业企业推动留抵退税、社保费缓缴、房租减免等政策加力提效，确保政策落到实处。

我国经济稳中向好、长期向好的基本面没有变，市场规模大、产业配套全、创新资源集聚快等优势将会继续保持并增强，更多政策效能将持续释放。广大民营企业既要看到当前困难，更要善于迎接挑战，敢试敢闯，在政策扶持中增强内生动力，在危机中寻求机遇，为构建新发展格局、推动高质量发展贡献力量。

（作者系经济日报社综合新闻部曾诗阳；该文原载于2022年10月9日《经济日报》）

更大力度激发民营经济活力

要持续优化营商环境，从立足当下和着眼长远角度促进民营经济持续健康发展。

受外部环境不确定性加剧、新冠疫情等超预期因素叠加影响，当前民营企业特别是中小微企业发展压力较大。2022 年 6 月 15 日召开的国务院常务会议指出，保住 1.5 亿户市场主体，就能稳住就业、保持中国经济的韧性。优质的营商环境是民营经济发展的沃土，助力民营企业爬坡过坎，需要持续优化营商环境，从立足当下和着眼长远角度促进民营经济持续健康发展。

持续深化"放管服"改革，为民营企业降低经营成本。以更大力度激发民营经济活力，需要聚焦市场主体需求，以制度创新为核心，破除民营企业高质量发展的体制机制性障碍，完善推动民营企业改革发展的制度框架；着力提升政务服务能力和水平，在为民服务上做"加法"，在办事流程上做"减法"，为企业经营降低制度性交易成本，不折不扣执行减税降费政策，打造审批更少、流程更优、体制更顺、机制更活、效率更高、服务更好的一流营商环境。

打破隐形壁垒，营造公平竞争的营商环境。公平竞争的营商环境是市场经济的活力源泉和根本保证。优化营商环境，需要为民营企业提供平等的市场准入规则、公平的税费政策、公平的法律环境。国家出台的系列举措为打破隐形壁垒、推动民营经济健康发展提供了路径支持。今后还应加大打击不公平竞争行为的力度，抑制一些企业的不正当竞争手段，减少不公平竞争对中小企业发展的影响，不断提高市场监管领域政务服务水平。

弘扬企业家精神，构建良好的舆论环境。市场经济中，风风雨雨是常态，风雨无阻是心态。在经济下行压力下，一些民营企业虽然出现暂时经营困难，但风雨中仍有一大批企业在努力自救。受新冠疫情影响，有些餐饮企业主打线上外卖，通过直播、微信社群等线上渠道销售，积极寻求发展。还有些企业逆流而上，例如京东、每日优鲜等一批民营企业在上海疫情期间，面对物资供应的严峻挑战，挺身而出，打通民生物资供应"最后一公里"，这些民营企业不惧失败努力进取，勇于承担社会责任，值得尊重和理解。

只有营造包容、善意的环境，才能让民营经济的创新源泉充分涌流，让民营经济的创造活力充分迸发。要凝聚起政企同心、共渡难关的强大合力，通过树立优秀企业家典型、加强舆论宣传和正确引导，使越来越多的企业家有志成为干事创业、为社会奉献的榜样。作为推动经济繁荣、社会进步的中坚力量，民营企业家要发挥以创新为内核的企业家精神，变压力为动力，集中精力把自己的事情办好，并且不断提升自己，努力成为新时代推动经济高质量发展的生力军。

（作者系经济日报社产经新闻部王轶辰；该文原载于 2022 年 7 月 4 日《经济日报》）

为民企增资扩产创造有利条件

在多种因素共同作用下，我国经济下行压力持续加大。把稳增长放在更加突出位置，必须发挥好投资的关键性作用，稳投资尤其要稳住作为"主力军"的民间投资。2022 年 5 月，国务院印发《扎实稳住经济的一揽子政策措施》，明确要求稳定和扩大民间投资。

当前，稳定和扩大民间投资，既有必要也有基础。

民营经济是我国社会主义市场经济的重要组成部分，为国民经济发展作出了突出贡献，在稳定增长、促进创新、增加就业、改善民生等方面发挥着重要作用。民间投资在整体投资中占大头，是推动我国经济发展的重要力量，尤其是在制造业领域，民间投资的比重超过八成。因此，民间投资也被看成是经济活力的"晴雨表"。党中央、国务院高度重视民营经济和民间投资，积极采取有效措施推动民间投资持续健康发展。

稳定和扩大民间投资，各地正在积极行动。上海市提出，鼓励和吸引更多社会资本参与市域铁路、新型基础设施等一批重大项目，鼓励民间投资以城市基础设施等为重点，通过综合开发模式参与重点项目建设；广东省提出，运用投资补助、资本金注入等多种方式，提升基础设施补短板项目对民间投资的吸引力；北京市提出，年内分两批向社会公开推介重点领域民间资本参与项目，2022 年 6 月底前完成首批项目推介、总投资 1000 亿元以上。

稳定和扩大民间投资，要让稳增长措施落地见效，切实增强民间资本信心。当前，经济运行中不稳定不确定因素较多，市场主体面临的困难明显增加，包括原材料成本上升、产业链供应链不畅、市场需求不足等诸多难题，部分市场主体特别是民营企业和中小微企业信心不足，对投资前景看不准，不敢投不愿投。稳经济一揽子政策措施已经出台，下一步，各地要对政策再做全面筛查、细化实化，让市场主体应知尽知、应享尽享，让政策红利尽快转化为发展实效。

稳定和扩大民间投资，要坚持用改革的办法解决前进中的困难。要打造稳定透明、公平竞争、激励创新的制度规则和营商环境；发挥重大项目牵引和政府投资撬动作用，吸引民间资本参与市政、交通、生态环境、社会事业等补短板领域建设；积极做好社会资本投融资合作对接工作，充分发挥向民间资本推介项目长效机制作用，加强项目融资保障。推动基础设施领域不动产投资信托基金健康发展，盘活存量资产、形成投资良性循环，规范推进政府社会资本合作。

受新冠疫情影响，很多行业处境艰难，但危中有机，唯创新者胜。要积极为民营企业增资扩产创造有利条件，鼓励企业推动传统产业高端化、智能化、绿色化发展，支持民营企业积极培育新技术、新产品、新业态、新模式，迈过眼前沟坎，攀上更高山峰。

（作者系经济日报社产经新闻部熊丽；该文原载于 2022 年 6 月 8 日《经济日报》）

资本市场服务民企空间广阔

2022 年 7 月 29 日，中国证监会召开 2022 年度年中监管会议暨巡视整治常态化长效化动员部署会议指出，在抓好已出台措施落地的同时，聚焦科技创新、民营企业、中小企业等重点领域和薄弱环节，研究推出更多更有力的支持措施。

2022 年以来，国际环境复杂严峻，民营企业的正常经营活动受到冲击，在此背景下资本市场发挥好直接融资功能，加快为民营经济引入更多资金"活水"，对于推动经济社会稳定发展具有重要意义。

作为我国经济体系的重要组成部分，民营企业在创造税收、促进创新、吸纳就业等方面发挥了重要作用。但同时，融资难依旧是制约民营企业发展壮大的关键难题。相比国有企业，部分民营企业存在管理制度不够健全、可抵押物少、信用违约风险高等特点，传统的信贷融资对民企的支持力度已明显有限。

当下，考虑间接融资需要企业拥有稳健持续的现金流作为保障，已难以匹配民营企业现阶段愈加不确定的风险特征，民营企业融资环境进一步收紧。在此情况下，资本市场有能力、有义务在服务民营企业纾困解难上发挥更大作用。

一方面，应发挥好多层次资本市场作用，拓展服务民企的深度广度。近年来，随着资本市场持续深化改革，从区域股权市场到新三板市场，再到交易所市场，我国推动完善多层次资本市场体系，为处于不同发展阶段、不同规模的民企融资提供了基础。接下来，应进一步加强各个板块的有机联系，完善优化转板机制，真正畅通民营企业在整个资本市场的全生命周期发展渠道，用源源不断的"活水"支持民营企业纾困解难、做大做强。

另一方面，要发挥好股债融资功能，丰富民企融资工具。科创板、创业板、北交所试点注册制先后落地实施，为众多民企打开了首次公开募股（IPO）的大门，在上市发行效率提升的同时，再融资市场活跃度也有大幅度提高，股权融资功能进一步强化。2022 年以来，监管部门不断完善民企债券融资支持机制，民企发债融资的便利性明显提高。展望未来，在提高股权融资规模的基础上，监管层应积极推动债券产品创新，进一步推动股债结合型产品的发展，优化制度设计，丰富融资工具，为民企发展提供更大的融资空间。

（作者系经济日报社财金新闻部马春阳；该文原载于 2022 年 8 月 9 日《经济日报》）

优化营商环境要立足简化程序

2022 年 5 月 5 日，天津港保税区管委会管辖的中国（天津）自由贸易试验区天津机场片区，通过确认登记制新设市场主体 10 户，标志着天津自贸试验区首批确认制营业执照诞生。这是继辽宁大连、深圳前海、云南昆明等多地自贸片区之后，又一地明确淡化商事登记的行政许可属性。

简化企业拿执照方式，为市场主体减负，看似不算大事，但放到提升政府经济治理能力和构建一流营商环境的背景下，带来的启示却不少。

此次天津自贸试验区推动的市场主体确认登记改革，是商事登记制度改革以来的又一次新突破。市场主体确认登记改革，将市场主体登记的部分备案事项，调整为由企业自行公示，将企业设立登记的行为性质从行政许可改为行政确认。通俗地说，只要申请人申报的材料齐全，符合法定形式，登记机关就可以发放营业执照，赋予其从事一般经营项目的权利。

从政府视角看，减少了主观审批的市场主体确认登记改革，有利于相关部门简政放权、优化服务，推动"放管服"改革，不断优化营商环境，更好体现尊重市场主体登记自主权的思路。这也是建设和完善政府治理体系的题中应有之义。

从建设全国统一大市场视角看，市场主体确认登记改革，有利于推动要素自由流动以及资源市场建设。对打破市场分割、减少地方寻租行为有积极作用，还可以鼓励不同市场主体更公平参与竞争，让市场更高效运行。

从企业视角看，市场主体确认登记改革，还有利于鼓励企业主动登记，培育壮大市场主体，激发市场活力，减少登记过程中的行政障碍和注册项目，让企业体验"一站式"解决方案。比如，在此次天津自贸试验区推行的确认制营业执照中，企业的董事、监事、经理信息均不再是必录信息，恰恰为填报相关信息带来更多便利。

自贸试验区是改革开放的"试验田"。天津自贸试验区推出确认制营业执照的做法首先启示各地区，优化营商环境和提升政府经济治理能力不一定非要放大招、许宏愿、扛大旗，从小处着眼，将服务做细做实，照样能留住"青山"，为企业带来更多温暖。

对于企业自身而言，要正确理解"试验田"里简化企业注册登记的经验。即便是极简的确认制营业执照方式，也不等于"什么都不用就能领执照"，而是仍须披露必要信息，保证信息透明度和真实性。信贷、税收、司法等部门还需要通过查询企业关键信息来评估其资信情况。

对于政府部门而言，简化企业注册登记不该被误解为少加班、减工作。相关职能部门仍要加大对虚假企业注册登记的防控力度，完善企业的信用信息公示制度，及时、全面记录商事主体信用承诺及履约践诺等信用信息。更为重要的是，要继续探索实施信用风险分类监管，依法依规开展失信商事主体惩戒，加大对违反信用承诺责任人的惩戒力度。

（作者系经济日报社天津记者站周琳；该文原载于 2022 年 5 月 25 日《经济日报》）

小微融资服务"两手都要硬"

化解小微企业融资难融资贵问题，既需要用市场机制进行调节，也需要政府适当干预、扶持，"两只手"有效结合促进小微企业融资。一方面，建立激励约束相容的机制，夯实服务小微内生动力，实现从"要我做"到"我要做"转变；另一方面，充分发挥政府性融资担保作用，引导更多金融资源流向小微企业。

当前，在一系列超预期因素叠加影响之下，广大市场主体特别是小微企业发展十分困难。加大小微企业金融支持力度是助企纾困发展的重要方面，近期以来多项措施纷纷出台。破解小微企业融资难融资贵这一世界性难题，应注重"政府之手"和"市场之手"并举，合力提升小微企业金融服务质效，让广大小微企业真正受益。

小微企业融资难融资贵问题的存在具有普遍性和必然性，主要原因在于小微企业发展较脆弱、融资信息不对称等，难以避免地导致融资成本上升。新冠疫情冲击使得小微企业生产经营困难，金融机构则更加"惧贷""惜贷"，小微融资服务面临挑战。资金是重要的生产要素，应该由市场机制来配置，但小微企业的特殊性又决定了只靠市场无法有效解决融资问题。化解这个矛盾，既需要用市场机制进行调节，也需要政府适当干预、扶持，以"两只手"有效结合促进小微企业融资。

一方面，建立激励约束相容的机制，夯实服务小微内生动力，实现从"要我做"到"我要做"转变。2022 年 5 月，央行发文推动建立金融服务小微企业敢贷愿贷能贷会贷长效机制，充分体现出激励约束相容的原则。比如，健全容错安排和风险缓释机制、增强敢贷信心，强化正向激励和评估考核、激发愿贷动力，等等。只有全方位地构建敢贷、愿贷、能贷、会贷的长效机制，才能实现成本可负担、商业可持续，促进小微企业融资增量、扩面、降价，让小微金融服务之树长青。

另一方面，充分发挥政府性融资担保作用，助力解决小微企业可抵押资产少、信用记录不足、信息不对称等问题，引导更多金融资源流向小微企业。国务院明确，2022 年新增国家融资担保基金再担保合作业务规模在 1 万亿元以上。此外，对符合条件的交通运输、餐饮、住宿、旅游行业中小微企业、个体工商户，鼓励政府性融资担保机构提供融资担保支持。政府性融资担保机构及时履行代偿义务，推动金融机构尽快放贷，不盲目抽贷、压贷、断贷。可以说，政府性融资担保体系能够有效发挥财政资金"四两拨千斤"的作用。

值得注意的是，国家融资担保基金在业务方式上并非直接为小微企业提供担保，而是按照"政策性导向、市场化运作、专业化管理"的运行模式，主要采取再担保、股权投资方式，与省级再担保公司开展业务，支持各省辖区内的担保机构为符合条件的小微企业提供贷款担保。

"政府之手"还体现了对融资担保的直接支持。比如，中央财政对小微企业融资担保降费实施奖补政策，支持融资担保机构扩大小微企业融资担保业务规模，降低融资担保费率；推动有条件的地方对支小支农担保业务保费给予阶段性补贴。通过这些支持举措，弥补市场缺陷与不足，改变融资担保机构"小、散、弱"而且成本偏高的现状，推动融资担保行业发展，降低融资担保成本，进而使小微企业切实受益。

广大小微企业的生产经营面临融资问题，还存在其他方面的困难，需要财政、货币、金融等政策合力扶持。比如，实施减税降费以降低生产成本，加大政府采购支持力度以增加市场机会。目前，一揽子政策措施已出台，关键在于要迅速落实，特别是提升直达性、精准性、有效性，才能起到"雪中送炭""及时雨"的作用。政策持续发力,再加上企业咬牙坚持和不懈努力,广大市场主体一定能够渡过难关、焕发生机。

　　(作者系经济日报社财金新闻部曾金华;该文原载于 2022 年 6 月 6 日《经济日报》)

国有控股上市公司应强化正向激励

国务院国资委表示，国企改革三年行动对深化国有控股上市公司改革提出了明确要求。国有控股上市公司要在深入实施国企改革三年行动、依法依规规范运作、推动资本市场健康稳定发展三方面争做表率。对此，应强化认识、抓好落实。

近年来，国有控股上市公司改革发展取得显著成绩，股权结构不断优化，资产质量持续提升，价值创造能力持续增强。数据显示，国企改革三年行动实施以来，共有 86 家国有控股上市公司引入持股超过 5% 的积极股东。但与此同时，国有控股上市公司改革中仍存在部分上市公司主业和核心竞争力不够突出，股权结构、治理结构还要进一步优化完善，上市公司内部市场化机制改革有待深化等问题。因此，深化国有控股上市公司改革要锁定重点、破除难点，有针对性地加以解决。

一方面，要完善公司治理，确保上市公司行稳致远。按照部署，相关部门将继续支持和鼓励国有股东持股比例高于 50% 的国有控股上市公司，引入持股 5% 及以上的战略投资者作为积极股东，鼓励央企和地方国企交叉持股；支持央企之间、央地国企之间积极探索通过出让存量、引进增量、换股等多种形式，在上市公司引入多个国有战略投资者。与此同时，鼓励按照"一企一策"原则，在坚持党的领导、国有资产不流失的前提下，探索更加市场化、差异化的管控模式，不断提高国有控股上市公司治理水平。此外，全方位加强独立董事队伍建设，探索在中央企业控股上市公司推进独立董事专业尽责、科学决策、有效制衡的作用发挥机制。

另一方面，要强化正向激励，激发上市公司的内生动力活力。国有控股上市公司要构建务实管用、充满活力的多元激励体系，加大力度依规有序推进上市公司股权激励。要在前几年上市公司股权激励企业数有较大增长的基础上，推动符合条件的企业应做尽做，争取继续保持应有的数量与质量。应加大对关键人才的激励力度，实现其利益与企业利益深度捆绑。同时，应加大科技型上市公司的激励力度。对科技型上市公司要注重强化以研发投入、成果转化为导向的行权业绩指标，增强考核的精准性，并在业绩指标中作出相应体现。鼓励上市公司在符合条件的基层企业，实施股权、期权、分红、科技成果转化分享，以及科改示范企业超额利润分享、工资总额单列等激励政策，进一步丰富激励方式，增强激励穿透性，扩大激励覆盖面。

上市公司本身是改革的产物，理应走在改革的前列。对国有控股上市公司而言，深化国企改革三年行动是当务之急、综合性夯基之举；规范运作是长期保障、制度竞争力所在；稳定资本市场是社会责任、国企使命所系，上市公司要在这三个方面做好表率。国有控股上市公司要率先高标准完成三年行动各项任务，通过苦练改革"内功"，促进价值创造。应严格遵守国资监管政策和证券监管规则，强化上市公司独立性，做到严合规、守底线、负责任、有担当。在维护资本市场健康稳定发展方面，集团公司要做积极负责任的股东，鼓励长期持有上市公司股份，适时增持价值低估的上市公司股票，适时实施股份回购。

（作者系经济日报社产经新闻部周雷；该文原载于 2022 年 5 月 21 日《经济日报》）

着力提升国有企业原始创新能力

中央全面深化改革委员会第二十四次会议审议通过了《关于推进国有企业打造原创技术策源地的指导意见》。习近平总书记在主持会议时指出，要提升国有企业原创技术需求牵引、源头供给、资源配置、转化应用能力，打造原创技术策源地。

推进国有企业打造原创技术策源地，该如何破题？

首先，要把准战略方向。我国科技事业捷报频传，中国空间站、天问一号、北斗导航、时速 600 公里磁悬浮列车、高温气冷堆核电站等许多标志性重大科技成就，都离不开国企的重大贡献。不过，随着新一轮科技革命和产业变革的竞争日趋激烈和世界局势的日趋复杂严峻，我国关键核心技术受制于人、顶尖科技人才和高水平创新团队比较缺乏等问题仍然十分突出。国有企业是中国特色社会主义的重要物质基础和政治基础，是中国特色社会主义经济的"顶梁柱"。坚持国家战略性需求导向，围绕事关国家安全、产业核心竞争力、民生改善的重大战略任务，推动实现更多关键核心技术体系性突破，超前布局前沿技术和颠覆性技术，是国有企业作为国家战略科技重要力量义不容辞的责任。

其次，要优化创新生态。国有企业要想成为原创技术策源地，就得勇挑重担、敢打头阵，在集聚创新要素、深化创新协同、促进成果转化、优化创新生态上下功夫。对此，一些国企已有足够认识，他们持续加强与海内外科研机构和企业的科技创新交流合作，打造跨界协同创新、国际产学研合作平台，强化关键核心技术攻关，共同推进高水平科技自立自强。

再次，要培育创新人才。推进国有企业打造原创技术策源地，必须让企业成为各类优秀人才创新创造活力竞相迸发的沃土，着力培养、引进、用好科技领军人才、卓越工程师和高水平创新团队。对增选院士以及引进国家级海外高层次人才取得重大实效的企业进行考核加分；对关键共性技术、核心技术研发实施"揭榜挂帅"攻关，"揭榜"的研究人员不受职务、职级、职称等门槛限制；建立创新基金、科研奖励性后补助等方式多样的研发资金来源……对国企来说，各项改革措施应瞄准创新的难点痛点精准施策，在考核、分配、中长期激励等方面进一步加大支持力度。

科技创新是全面创新的核心。只有加强科技创新特别是原始创新，才能在关键领域不被"卡脖子"，才能建立完整稳定的产业链供应链，才能更好融入新发展格局。推进国有企业打造原创技术策源地，必须推动国有企业完善创新体系、增强创新能力、激发创新活力，促进产业链创新链深度融合。

（作者系经济日报社综合新闻部佘惠敏；该文原载于2022年3月16日《经济日报》）

架起中小微融资"信息金桥"

为便利中小微企业融资，信用信息的作用不容忽视。2022年1月4日召开的国务院常务会议决定，实施企业信用风险分类管理，推动监管更加公平有效。这对全国融资信用服务平台进一步完善来说，无疑是个利好，将有利于加强信用信息共享应用，缓解银企信息不对称难题，在金融机构与中小微企业之间架起一座"信息金桥"，促进中小微企业融资。

近年来，按照党中央、国务院决策部署，有关部门采取了一系列有力有效措施支持中小微企业融资，取得了明显成效。目前，中小微企业融资继续呈现"量增、面扩、价降"态势。2022年，全年普惠小微贷款余额近24万亿元。应该说，国家发展改革委、银保监会等部门大力推广的"信易贷"模式以及全国融资信用服务平台，对支持中小微企业融资发挥了重要作用。

也要看到，与中小微企业融资业务需求相比，目前信用信息共享应用情况还有一定差距，存在部分部门和行业数据难以获取，以及信息获取成本较高等问题。特别是当前我国经济发展面临需求收缩、供给冲击、预期转弱三重压力，进一步强化对中小微企业、个体工商户等的金融支持力度，对于应对新的经济下行压力以及世纪疫情冲击带来的不确定性，保持平稳健康的经济环境具有重要意义。

鉴于此，为进一步发挥信用信息对中小微企业融资的支持作用，有关部门研究制定了《加强信用信息共享应用促进中小微企业融资实施方案》（以下简称《方案》），旨在推动建立缓解中小微企业融资难融资贵问题的长效机制。这也是近期国务院出台的一系列"保市场主体、应对新的经济下行压力"

政策措施之一。该《方案》要求，深化信用信息开发利用，完善中小微企业信用评价指标体系，实现精准画像；强化获贷企业信用状况动态监测，提高风险预警和处置能力；对依法认定的恶意逃废债行为，依法依规开展联合惩戒。这与国务院常务会议提出的"实施企业信用风险分类管理"相呼应，致力于营造诚实守信、公平竞争的市场环境，使监管对诚信经营者"无事不扰"、对违法失信者"无处不在"。

信用是市场经济的基础。下一步，各地各部门要继续围绕保市场主体、应对新的经济下行压力，加快信用信息共享步伐，深化数据开发利用，创新优化融资模式，加强信息安全和市场主体权益保护，助力银行等金融机构提升服务中小微企业能力，不断提高中小微企业贷款可得性，有效降低融资成本，切实防范化解风险，支持中小微企业纾困发展，保持经济平稳运行，为构建新发展格局、推动高质量发展提供有力支撑。

（作者系经济日报社财金新闻部姚进；该文原载于 2022 年 1 月 12 日《经济日报》）

充分竞争才能激活市场

中央经济工作会议提出，要提振市场主体信心，深入推进公平竞争政策实施，加强反垄断和反不正当竞争，以公正监管保障公平竞争。将营造公平竞争市场环境作为提振市场主体信心的重要措施，足见公平竞争不仅是市场经济的核心和灵魂，也是当前市场主体的心声。

近年来，反垄断与反不正当竞争已成为我国经济领域最受关注的话题之一，其中对平台经济的监管尤为引人瞩目。一方面，是因为平台经济正成为经济社会发展的新动能，消费者衣食住行游购娱的方方面面几乎都离不开大平台；另一方面，随着体量增大，平台垄断、竞争失序问题逐步显现，不仅带来影响市场公平竞争、抑制创新活力、损害中小企业和消费者合法权益、妨碍社会公平正义等问题，甚至给数据安全、信息安全、经济安全和社会公共利益安全带来风险。

首先要明确，将反垄断理解为对某些天然具有较高产业集中度行业的针对性执法，是一种误读。反垄断针对的是损害竞争的垄断行为，而非占据市场支配地位的状态。市场经济就是要开展竞争，通过竞争优化资源配置、实现优胜劣汰，提高经济运行效率，也倒逼企业不断创新，改善技术和经营管理，进而推动经济发展、技术进步。在这一过程中，有企业做大做强、形成大树与草木共生的状态很正常。

然而，竞争一旦失去节制，变成恶性竞争，又会伤害参与竞争的市场主体，损害消费者利益。不管是在新兴的平台经济领域，还是传统的医药、汽车、建材等领域，实施垄断行为的市场主体，曾经也都是从激烈市场竞争中闯出的"优胜者"。只是他们取得市场支配地位之后，没有将主要心思用在产品创新和优化服务上，反而滥用市场支配地位。所以，要鼓励竞争，但禁止不正当竞争；不反对企业拥有市场支配地位，但禁止企业滥用市场支配地位，实施垄断行为。

坚持和完善社会主义基本经济制度，既要使市场在资源配置中起决定性作用，又要更好发挥政府作用。市场失灵之际，对扰乱市场秩序的不正当竞争和垄断行为重拳出击非常必要，通过有效监管营造公平公正的市场环境、确保市场主体有机会参与公平有序的竞争更加必要。因为事后重罚看似有力，但市场失序已经造成损害；相比之下，防患于未然，显得更为有效。

国内外实践证明，防止垄断最好的办法就是保护竞争。从根本上说，只有充分竞争才能打破垄断，让市场活力重现。相比事后重罚，垄断者更怕的是出现能挑战自己的竞争者。只要有公平竞争的市场环境、有新竞争者源源不断地进入市场，哪怕占据市场支配地位的企业也会有危机感，也得毫不懈怠地创新，而体量较小的市场主体也能满怀信心、充满期待地奋斗，进而激发市场主体活力，汇聚发展澎湃动能。

还要看到，当前阻碍竞争的并不只有垄断行为这一种，还有虚构交易、好评返现、商标"搭便车"等不正当竞争行为，以及侵害知识产权、地方保护、信用失范、涉企乱收费等新老问题。反垄断做不到"包治百病"，还需要进一步深化"放管服"改革、完善市场规则、加强企业内部管理以及提升社会公众对于不正当竞争行为的警惕性等。改革发展中遇到的问题只能依靠深化改革、继续扩大竞争的领域和深度来解决，保护好各类市场主体发展活力，营造公平、透明、可预期的竞争环境。

（作者系经济日报社综合新闻部余颖；该文原载于 2022 年 1 月 6 日《经济日报》）

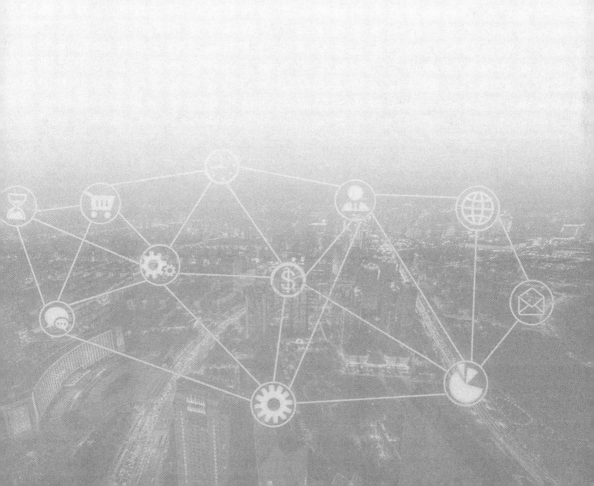

（四） **更大力度吸引和利用外资**

以高水平开放稳住外贸外资基本盘

坚定不移全面扩大开放，是我国经济发展的重要法宝。历史告诉我们，封闭最终只能走进死胡同，只有开放合作，道路才能越走越宽。当前，受逆全球化思潮抬头、全球价值链重构、国际经贸规则调整，我国外贸外资发展外部环境更加复杂。同时，我国正处于转变发展方式、优化经济结构、转换增长动力的攻关期，结构性、体制性、周期性问题相互交织，稳外贸压力显著增加，稳外资也面临诸多挑战。外贸是一国综合竞争力的外在表现，外资是一国联通内外市场和资源的重要纽带。内外部环境越是复杂，越要坚持高水平对外开放，积极努力稳住外贸外资基本盘，抓住当前存在的关键问题，培育新形势下我国参与国际合作和竞争的新优势。

一、经济增长重要驱动力

外贸外资高质量发展是改革开放的重要内容。从我国改革开放以来的长期实践来看，对外贸易是配置全球要素资源的核心环节，外资是带动各类要素资源配置的重要纽带，外贸外资是我国经济增长的重要驱动力。

一方面，发展对外贸易是生产力和生产关系发展的必然结果，连接国内国际两个市场、两种资源，在经济社会发展进程中意义重大。改革开放前，我国对外贸易局限于同少数国家互通有无、调剂余缺。改革开放以来，我国对外贸易迅速发展。2001年我国加入世界贸易组织，对外贸易发展进入新阶段。我国积极参与多边贸易体制下的经贸合作，推进贸易便利化，贸易规模、贸易质量不断取得新突破。外贸成为我国进一步融入全球价值链分工体系、充分利用全球要素和资源、实现开放发展的关键抓手。另一方面，外商投资推动了我国资源合理配置，促进了市场化改革，对我国经济发展发挥了重要作用。推进供给侧结构性改革，引领经济发展走向更高形态，跟上全球科技进步步伐，都要继续利用好外资。

外贸外资在开放型经济中的作用不可替代。随着我国进入新发展阶段，外贸外资在服务新发展格局、促进高质量发展中应发挥更大作用。

一是有利于促进经济循环畅通无阻。习近平总书记指出，构建新发展格局，关键在于经济循环的畅通无阻。外贸外资在促进经济循环畅通无阻中发挥着重要作用。对外贸易本身就是全球供应链运行的重要渠道，能够集聚更优质的全球资源，改善我国生产要素质量和配置水平。同时，依托外商投资，可充分借助其技术、渠道等多方面优势，保障相关产品供给。

二是有利于巩固超大规模市场优势。当前，我国经济稳中向好、长期向好的基本趋势没有改变，构建新发展格局要持续推进全国统一大市场建设，进一步巩固强大国内市场优势。外贸是拉动经济增长的"三驾马车"之一，能增加多样化消费品供给，有效促进消费，有助于培育完整内需体系。2021年，我国消费品进口增长9.9%，且中高端消费品进口增速较快，充分说明外贸对满足消费扩容提质发挥的重要作用。利用好外资对促进区域协调发展、加快形成优势互补高质量发展的区域经济布局有积极作用。资本投入是推动经济增长的重要因素，外资与区域内的劳动力、土地等要素资源结合，能够在一定程度上解决现有资本、技术和管理水平等的不足，从而扩大区域总产出。外资逐步加大对中西部地区的投资力度，将加速释放中西部地区市场潜力，夯实超大规模国内市场基础。

三是有利于构建以我为主的全球价值链。逐步在国际供应链、价值链中争取更大的影响力，构建中国主导的全球价值链，是新时代我国全面深化改革开放的题中应有之义。与过去我们更多以劳动力等资源禀赋优势融入全球化、参与全球价值链低端环节不同，当前我国需要转向培育以技术、品牌、质量、服务等为核心竞争力的新优势，力争获得在全球价值链中的主导地位。在这一过程中，外贸外资发挥着重要的引领作用。从外贸来看，随着外贸领域运用新技术新工具，加快创新贸易产品、贸易渠道、流转方式、支付方式等，多种类型的对外贸易新业态新模式逐步发展壮大，成为未来引领全球贸易发展的重要力量。同时，外贸结合对外投资，能够提升供应链国际化布局能力，塑造高起点介入、高端环节延伸的国际分工新格局。从外资来看，资本是决定全球产业分工格局和分工水平的关键要素，积极利用外资多环节参与全球供应链、高水平参与全球价值链，有利于加快构建以我为主、深度融合、互利共赢的全球价值链。

四是有利于保障国家总体安全。统筹发展和安全，是一个国家、一个民族生存与进步必须处理好的首要问题。当前，随着逆全球化思潮泛起、贸易保护主义抬头，经济全球化发展中的不确定性因素增多，我国经济发展面临的外部环境日趋复杂严峻，必须处理好参与国际经贸合作和保障国家安全的关系。外贸外资在保障总体安全中发挥着"工具箱"作用，特别是通过基于商品流、要素流、资金流、人才流等外贸和投资的各种关联，实现贸易与投资的全球布局，保障原材料、关键零部件等供给。

还要看到，外贸外资在服务高质量发展中发挥着助推器作用。例如，高质量发展需要加快产业转型升级，外资将更多投向高新技术产业、战略性新兴产业、现代服务业等重点领域，可以带动我国相关产业转型升级。又如，加快推动经济社会发展全面绿色转型已成为高度共识，通过建立绿色贸易标准和认证体系，打造绿色贸易发展平台，加强绿色贸易合作，可强化能源消费强度和总量双控，有效助力实现碳达峰、碳中和目标。

总的来看，开放已经成为当代中国的鲜明标识。坚持扩大高水平对外开放，稳住外贸外资基本盘，既可以有效构建全球经贸新格局，也可以更好服务高质量发展。中国开放的大门不仅不会关闭，而且会越开越大。我们必须树立全球视野，建设更高水平开放型经济新体制，拓展对外贸易，培育贸易新业态新模式，继续利用好外资，坚持高质量引进来、高水平走出去。

二、把握高水平开放着力点

当前，在外贸领域，运费提高、原材料成本增加、能源资源价格上涨、人民币汇率上升"四升"问题直接加重企业负担；在外资领域，全球产业链、供应链正在深度重塑，跨国投资呈现近岸化、本土化、区域化等趋势，各国引资竞争更加激烈。虽然受到国内外经济环境变化带来的巨大压力，但中国经济韧性强、潜力足、长期向好的基本面没有改变。不论国际形势发生什么变化，中国都将高举改革开放的旗帜，坚持高水平对外开放，稳住外贸外资基本盘。

一是拓展更广泛的"朋友圈"。围绕共建"一带一路"，加强顶层设计，积极推动形成与"一带一路"沿线国家充分联通的要素市场、服务市场、资本市场、技术市场等，促进区域产业链、价值链、供应链的融合。同时，要维护全球产业链、供应链稳定顺畅运行，继续增加大宗商品、关键零部件生产供应，提升商品供给能力。要持续提升我国对外资的吸引力，将中国的优势产能、超大规模市场与国外先进技术有效对接，进一步发挥我国强大的国内市场优势，不断提升外商投资质量和水平。

二是推动构建更加完善的全球贸易投资体系。维护多边贸易体制在全球贸易投资便利化自由化中的主渠道地位，支持对世界贸易组织进行必要改革。高质量共建"一带一路"，呼吁更多国际组织和经济体参与多边合作，促进可持续发展，联合一切积极力量，畅通贸易投资渠道。扩大自贸伙伴覆盖面，加速形成立足周边、辐射"一带一路"、面向全球的高标准自贸区网络，增强自由贸易投资安排的开放性和包容性，构建平等协商、共同参与、普遍受益的外贸外资合作框架。

三是强化开放平台功能。赋予自贸试验区更大改革自主权，发挥好自由贸易港作用，促进国家级经济技术开发区创新提升，强化制度性、结构性安排，形成与高标准国际经贸规则相衔接的制度体系，推动向规则、规制、管理、标准等制度型开放转变，进一步提升外贸外资质量。办好进博会并落实各项成果措施，创新广交会、服贸会办展模式，与更多国家和地区举办经贸博览会，为我国外贸外资发展提供更多机遇和动力。

四是优化外贸外资结构。优化传统能源、粮食等初级产品的进口结构。推动进口多元化，拓展大宗商品稳定外贸渠道，引导大中型贸易企业用好全球市场资源，向上游布局产业链条。稳定关键技术和零部件进口渠道，推动企业建立战略储备和多元采购体系。围绕外资关注的知识产权保护、法治化营商环境、执法规范化透明度等重点问题，出台有针对性的政策措施，进一步清理人员资质、企业资质、保证金、招投标、权益保护等方面的进入障碍，培育新的引资增长点，优化利用外资结构，以更加积极主动的姿态走向世界。

（作者系商务部国际贸易经济合作研究院院长顾学明；该文原载于 2022 年 7 月 20 日《经济日报》）

吸引更多高质量外资

商务部数据显示，2023年1月份全国吸收外资1276.9亿元，同比增长14.5%，继续保持稳定增长。当前，招商引资国际竞争更加激烈，应进一步推进高水平对外开放，既要把优质存量外资留下来，还要把更多高质量外资吸引过来。

2023年以来，随着疫情防控转入新阶段，我国生产生活秩序加快恢复，中国超大规模市场、产业体系完备等供需两方面的长期优势凸显，经济增长内生动力不断增强。国际货币基金组织等多个国际组织和投资机构纷纷调升中国经济增长预期。经济整体逐步好转，也进一步增强了中国市场的独特魅力。

当前，全球供应链调整既是挑战也是机遇。特别是国外很多中小企业被中国优渥的投资环境吸引，不断加快进入中国市场的步伐。商务部数据显示，2023年1月份，全国实际使用外资金额中，制造业实际使用外资增长40.4%，高技术产业实际使用外资增长62.8%，高技术制造业增长74.5%，高技术服务业增长59.6%。外资"用脚投票"，充分反映出对中国努力形成具有全球竞争力的开放创新生态的认同。

中央经济工作会议提出，要更大力度吸引和利用外资。持续推进吸收外资，需要不断为外企投资兴业营造更加有利的大环境。这需要依托我国超大规模市场优势，以国内大循环吸引全球资源要素，不断提升贸易投资合作质量和水平。同时，有关工作还需做深做细做实。

首先是扩大市场准入。通过合理缩减外资准入负面清单，加大现代服务业开放力度，同时发挥好自由贸易试验区、海南自由贸易港、各类开发区和保税区等开放平台的先行先试作用，已宣布的外资准入政策应抓紧落地见效。

其次是全面优化营商环境。要落实好外资企业国民待遇，促进公平竞争，保障外资企业依法平等参与政府采购、招投标、标准制定，加大知识产权和外商投资合法权益的保护力度。要积极推动加入高标准经贸协议，并主动对照相关规则、规制、管理、标准，深化国内相关领域改革。

同时，要有针对性做好外资企业服务工作。加强同外商沟通交流，及时帮助解决困难和问题，为外商来华从事贸易投资洽谈提供最大程度便利，推动外资标志性项目落地建设。要推动经贸人员常态化走出去招商引资。

中国贸促会最新调查显示，98.2%的受访外资企业和外国商协会对2023年中国经济发展前景抱有信心，表示将继续在华投资，分享中国的发展红利。这充分表明，中国吸引外资和外商青睐中国的"双向奔赴"仍在继续。接下来，应采取更有力举措，把更多高质量外资吸引来，共享中国经济红利，为世界经济复苏作出更大贡献。

（作者系经济日报社产经新闻部冯其予；该文原载于2023年2月27日《经济日报》）

外资对中国市场充满信心

近一段时间以来，部分外资加速布局中国市场：渣打银行已申请在北京成立一家证券公司；高盛集团宣布，中外合资理财公司"高盛工银理财"已获准开业；富达国际宣布成为首批在中国开展全资公募基金业务的全球资产管理公司之一……这体现出外资对中国市场的坚定信心。

信心源于中国经济的恢复向好。2022年以来，党中央统筹国内国际两个大局，统筹疫情防控和经济社会发展，统筹发展和安全，加大宏观调控力度，保持经济社会大局稳定。当前，国民经济持续恢复向好。消费、投资、进出口不断回升，多个外贸大省已组织企业积极出海，拓展国际市场。企业中长期贷款持续回暖，为国民经济恢复提供了有力支撑。

信心源于中国经济的韧性与潜力。在世界经济衰退风险加大等不利因素影响下，中国经济依然能够顶住压力、持续恢复。展望未来，中国具有超大规模市场优势。看消费，中国有14亿多人口和4亿以上中等收入群体，每年进口商品和服务约2.5万亿美元。看投资，中国拥有全球产业门类最齐全、产业体系最完整的制造业，自2010年以来，中国制造业增加值已连续多年居世界第一。看外贸，中国注重扩大进口，促进贸易平衡发展，2022年前10个月进口14.9万亿元，增长5.2%。

信心源于中国经济的开放与合作。开放是当代中国的鲜明标识。通过扩大开放、互利共赢，中国大市场已成为世界大机遇。当前，中国成为140多个国家和地区的主要贸易伙伴，货物贸易总额居世界第一，吸引外资和对外投资居世界前列，形成了更大范围、更宽领域、更深层次的对外开放格局。

以银行保险业为例，过去 10 年，我国推出了 50 多项银行保险开放政策，大批外资机构参与中国金融市场、共享发展红利。2021 年，在华外资银行资本和资产均较 10 年前增长超 50%，在华外资保险公司资本 10 年间增长 1.3 倍，资产增长 6 倍。

越是深度融入，就越会对中国市场充满信心。接下来，中国将坚定不移地推进高水平对外开放，市场前景不可限量。党的二十大报告提出，稳步扩大规则、规制、管理、标准等制度型开放。合理缩减外资准入负面清单，依法保护外商投资权益，营造市场化、法治化、国际化一流营商环境。市场普遍预测，随着中国经济持续恢复向好，外资布局中国市场的步伐将继续提速。

（作者系经济日报社财金新闻部郭子源；该文原载于 2023 年 1 月 7 日《经济日报》）

畅通"双循环"外资大有可为

全球光学与光电行业巨头蔡司，继10年前在上海布局首个海外研发中心后，以更高规格研发与制造为目标的"凤栖"工程2022年10月在苏州启动建设。这是蔡司来华65年来首次在国内购地自建项目，被认为是其中国本土化进程的进一步深化与扩展。

此前，宝马对外官宣，总投资150亿元的沈阳里达工厂大规模升级项目正式开业，这也是宝马集团在中国市场有史以来最大的单项投资。未来，沈阳生产基地的年产能将增至83万辆，沈阳或将成为宝马全球最大生产基地。

跨国公司们集体选择中国并继续追加投资，不仅是对中国超大规模市场优势和完善高效产业体系投出的"信任票"，也是对中国多年来积极利用外资的生动注脚。对外开放一直是我国的基本国策和鲜明标识，同世界分享发展机遇、推动经济全球化朝着更加开放、包容、普惠、平衡、共赢的方向发展，是多年来一以贯之的目标。中国的发展不仅为全球经济增长注入了强劲动力，也为更多的国家和地区创造了机遇。

一段时间以来，外界对于中国提出"加快构建新发展格局"的战略部署存在一些误读，有海外观点错误地认为，"以国内大循环为主体"的政策取向，意味着中国开放要大幅收缩甚至关闭国门，重返过去自给自足的发展老路。

对此，党的二十大明确提出要坚持社会主义市场经济改革方向，坚持高水平对外开放，加快构建以国内大循环为主体、国内国际双循环相互促进的新发展格局。同时，要稳步扩大规则、规制、管理、标准等制度型开放。

事实上，"以国内大循环为主体"并不是封闭的国内单循环，新发展格局也不是关起门来自我循环，它是建立在高水平对外开放之上的国内国际双循环。改革开放 40 多年来，我国已与世界经济和国际体系深度融合，产业链供应链相互依存、相互促进，两个市场、两种资源高效利用，成为我国经济综合实力和发展质量提升的重要支撑。

2022 年以来，尽管国际形势复杂严峻、跨国投资疲软，但外商依然看好中国市场并持续加大在华投资布局。2022 年前 9 个月，全国实际使用外资金额 10037.6 亿元，同比增长 18.9%。其中，高技术制造业利用外资增长 48.6%。目前，国家层面已推出 5 批 33 个重大外资项目，总投资约 1380 亿美元。正在加快落地的第六批重大外资项目，也将获得来自中央层面的规划、用地、环评、能耗等政策支持。

更多的政策红利还在显现。2022 年 10 月，国家发展改革委等 6 部门联合印发《关于以制造业为重点促进外资扩增量稳存量提质量的若干政策措施》，就进一步加大制造业引资力度、着力解决外商投资企业面临的突出问题，提出了三大方面 15 条措施，旨在持续优化营商环境，全面加强外商投资促进和服务，推动利用外资高质量发展。此外，备受业界关注的 2022 年版《鼓励外商投资产业目录》于 2022 年 10 月发布，自 2023 年 1 月 1 日起施行。新版目录中，鼓励外商投资范围将进一步扩大，先进制造业、现代服务业、高新技术、节能环保等领域以及中西部和东北地区外商投资将获得更大力度政策支持。

不仅如此，近年来我国还颁布实施了外商投资法等一系列法律法规，从法律层面对外商利益给予根本性保障，让越来越多的来华投资者吃下"定心丸"。可以预见的是，随着政策效应的积累叠加，外资在促进我国经济高质量发展、畅通国内国际双循环中将大有可为，也必将大有作为。

（作者系经济日报社产经新闻部顾阳；该文原载于 2022 年 10 月 28 日《经济日报》）

释放吸引外资的"强磁力"

继在我国设立外商独资私募基金管理公司后，国际知名资管机构威灵顿投资管理公司继续加码投资中国，其旗下子公司威灵顿管理香港有限公司向中国证监会递交了合格境外投资者（QFII）申请。

不只威灵顿，2022 年以来，包括富达国际、摩根大通、贝莱德基金等在内的国际金融机构，持续深耕中国市场，积极拥抱人民币资产。

外资机构加码中国，信心从何而来？来自于中国经济社会发展的稳定性和确定性。

尽管在世界经济复苏缓慢、地缘政治冲突加剧背景下，中国经济面临一定下行压力，但长期向好的基本面没有改变：有效投资持续扩大、市场潜力逐步释放、工业生产持续恢复，多数指标好转，展现出中国经济运行的韧性与活力，外资投资中国的回报预期依然明朗。

不论国际形势发生什么变化，中国扩大高水平对外开放的决心没有改变。2022 年以来，资本市场对外开放取得新成绩：拓宽沪深港通标的范围，正式启动互联互通下 ETF 交易；优化和拓展互联互通存托凭证业务，境内拓展至深交所，境外拓展至瑞士、德国市场；建立健全境外机构投资者参与交易所债券市场制度，允许进入银行间债券市场的境外机构投资者直接投资交易所债券市场等，为外资机构进入中国打开方便之门。

在海外货币政策收紧之际，中国"以我为主"的稳健货币政策没有改变。虽然美元指数攀升带动人民币汇率"破7"，但人民币贬值幅度明显低于一些主要经济体货币，依旧给全球贸易和投资提供了一个"避风港"。

还要看到，中国市场是开放的，外资有进有出是正常现象。2022年3月份A股市场一度出现外资短暂净流出，"外资出逃""外资机构投资中国意愿下降"等各种论调甚嚣尘上。但站在更长时间维度中观察，外资进入中国的步伐并没有放缓。2022年1月至8月，外资通过沪深股通净流入A股632亿元；截至8月26日，境外投资者在股指期货市场的客户权益为317.55亿元，在原油期货、铁矿石期货、PTA期货、20号胶、棕榈油、国际铜、低硫燃料油期货市场的客户权益合计212.97亿元，外资对中国市场始终抱有极大热情。

未来，需要采取更有力的措施应对种种压力困难。一方面，要进一步扩大对外开放领域，着力构建可预期的国际监管环境，不断提高A股投资便利性，增强外资投资我国资本市场的信心；另一方面，要以更强紧迫感夯实经济恢复基础，加大政策实施力度，保持宏观经济回稳向上，释放吸引外资的"强磁力"。

在充满不确定性的世界中，保持宏观政策稳定、市场预期明朗和社会发展确定，就是一个国家的竞争力。在稳经济一揽子政策措施落地落实下，我们定能攻坚克难，扎实稳住经济，以更大确定性吸引更多外资"跑步"进入中国市场。

（作者系经济日报社财金新闻部李华林；该文原载于2022年9月23日《经济日报》）

制造业高水平开放将持续扩大

近年来，有关"外资企业撤离中国"的传言，多次引发关于制造业外迁、产业链转移的讨论。虽然一些外资企业在全球推进多元化布局，但总体看，外商对华投资步伐并没有放慢。

制造业外迁、产业链转移是正常的经济现象，是全球化和市场机制发挥作用的结果。在经济全球化背景下，为降低生产成本、扩大市场份额，资本往往会主动调整全球生产能力布局，向低成本地区流动是客观规律。产业梯度转移也是一国工业发展的正常现象。受一些因素影响，部分外资企业包括国内加工密集型产业出现到周边国家寻求投资发展机会的现象，但整体看，目前制造业外迁规模不大，是企业正常经营行为，也符合产业发展客观规律。

我国拥有庞大的国内市场、完整的产业体系以及高效的基础设施和新技术应用等优势，仍是目前世界上最有魅力的投资热土之一。多年来，制造业一直是外商投资的重点领域。我国不断缩减外商投资准入限制，推动一般制造业领域全面开放，实现自贸试验区负面清单制造业条目清零。数据也表明，当前我国依然是外商青睐的投资选择地。2022 年前 5 个月，我国实际使用外资金额 5642 亿元，同比增长 17.3%。中国德国商会、中国美国商会的报告显示，超七成德资企业、超六成美资企业计划增加在华投资，多家知名跨国企业围绕低碳领域加大在华布局，可见外商对华投资步伐并未放慢。

值得注意的是，我国高技术制造业使用外资的增速在不断加快。这表明我国制造业对各类资源要素的吸聚力正不断增强，外商对我国制造业投资呈现出更多投向先进制造、高新技术、节能环保等重点领域的趋势，也表明我国制造业转型升级步伐加快。

制造业高水平开放是维护产业链供应链安全稳定的必要之举。只有进一步扩大对外开放，营造市场化、法治化、国际化营商环境，才能更好利用国内国际两个市场、两种资源，推动形成具有更强创新力、更高附加值、更安全可控的产业链供应链，也能为维护全球产业链供应链稳定畅通贡献中国力量。

制造业高水平开放还会持续扩大。我国多次表示将秉持开放、合作、团结、共赢的理念，扩大制造业高水平开放。一方面，支持外商加大在华投资，鼓励外资投向先进制造、高新技术等领域，全力支持重点外资项目加快落地；另一方面，鼓励国内企业加强国际合作，做优做精一批国际产能和装备制造合作项目，共同维护全球产业链供应链稳定畅通，推动构建制造业合作伙伴关系，促进绿色发展国际合作，为制造业开放合作搭建更多交流平台。

（作者系经济日报社产经新闻部黄鑫；该文原载于2022年8月3日《经济日报》）

外围纷扰不改中国市场投资价值

受地缘政治冲突和美国公布的超预期通货膨胀率等因素影响，2022年全球主要国家和地区股市、债市出现集体大跌。有人担忧，中国资本市场会受到冲击，外资"走进来"步伐也会因此放缓。实际上，外围纷扰不改中国市场投资价值。

种种迹象表明，外围市场波动并未影响海外投资者走向中国的脚步，外资正用"真金白银"表达看好中国资产的鲜明态度。2022年5月底以来，A股市场交投情绪明显升温。同时，海外上市的中国股票ETF也遭遇抢购。

资金的流入，即是信心的彰显。中国经济的强韧性大潜力，是吸引外资积极"走进来"的"核心磁石"。从支撑经济发展的长期因素来看，中国拥有全球最大的中等收入群体，消费需求日新月异；中国具备完善的产业链供应链，产业升级持续发力，新技术、新业态层出不穷，在当前发达经济体已现增长疲态的背景下，可以说，未来全球经济最大的增量市场必然有中国，最好的投资机会也在中国。

对外开放的坚定推进，也为投资中国拓展了更大空间。2022年以来，金融市场开放举措密集落地，沪伦通扩围、互联互通标的范围持续扩大、外国投资者参与A股交易范围进一步放开……开放节奏越来越快、力度越来越大，国际投资者对中国资本市场参与度越来越强。随着资本市场制度型开放向纵深推进，外资来华之路将愈加宽广，无疑会吸引更多海外资金加快拥抱中国资产。

较低的A股估值，为外资创造了长期投资价值。在外围市场波动加剧之际，低估值的 A 股市场走出独立行情，市场韧性和长期投资价值进一步凸显。此外，中国"以我为主"的货币政策为人民币汇率提供了支撑，近期人民币汇率明显企稳，更具配置价值的人民币资产，也让海外投资者对中国市场投下"信任票"。

看准大势才能握住未来，历史经验表明，外部纷扰改变不了中国的发展轨迹，我们只要集中力量做好自己的事，坚定不移推进改革开放，精准施策克服前进中的各种困难，就能将外部挑战转变为自身发展机遇。开放的中国充满机遇，发展的中国天地广阔，看好中国市场、投资中国经济，是具有远见卓识的选择。

（作者系经济日报社财金新闻部李华林；该文原载于 2022 年 6 月 15 日《经济日报》）

RCEP 巩固优化区域产业链供应链

2022 年 5 月 10 日，东盟与中日韩（10+3）合作有关会议召开，如何提升区域产业链供应链的安全、稳定和开放水平成为其中重要议题。值得注意的是，在新冠疫情冲击和大国博弈的复杂严峻形势下，《区域全面经济伙伴关系协定》（RCEP）生效实施以来，对区域产业链供应链的巩固优化作用逐步显现。

2022 年 5 月 10 日，第 16 次东盟与中日韩（10+3）大使级会议在东盟秘书处举行。会上，各方高度赞赏 10+3 机制作为东亚合作主渠道的积极贡献，更期待加强公共卫生、经贸金融、数字经济、低碳转型等领域合作，提升东亚整体竞争力。5 月 12 日，第 25 届东盟与中日韩（10+3）财长和央行行长会议举行。会议重申坚定维护开放的、基于规则的多边贸易和投资体系，欢迎并全力支持《区域全面经济伙伴关系协定》生效实施，决定进一步加强在贸易、投资、供应链、可持续基础设施等领域的合作。

2021 年，受益于域内的针对性支持政策、较高的疫苗接种率以及对疫情防控的重视，东盟与中日韩区域经济取得了约 6% 的增长，有力地支撑了世界经济稳定复苏。2022 年以来，美国货币政策超预期正常化、供应链紊乱，以及乌克兰危机影响外溢等风险对区域经济复苏带来较大压力，同时，美国等一些国家极力推动东盟国家在区域供应链上跟中国"脱钩"。

在这些因素影响下，各方尤其关注区域产业链供应链的稳定畅通。不过，从 2022 年 1 月份至 4 月份情况看，虽然存在较大通胀压力和域外国家的干扰，但区域产业链供应链合作联系依然紧密牢固，特别是《区域全面经济伙伴关系协定》的生效实施，给区域产业链供应链带来集成效应，巩固优化作用十分明显。

标普全球 2022 年 5 月初发布数据显示，4 月份东盟国家制造业采购经理指数（PMI）为 52.8，高于 3 月份的 51.7。该指数连续 7 个月高于 50。新加坡、菲律宾、印度尼西亚、泰国、越南、马来西亚和缅甸 7 个东盟国家制造业 PMI 都在 50 以上。中国海关总署数据显示，2022 年前 4 个月，中国东盟贸易额达到 2892.7 亿美元，同比增长 9.4%，以美元计价，出口增长 11.0%，进口增长 7.5%，东盟保持中国第一大贸易伙伴地位。应当看到，这是在新冠疫情和乌克兰危机导致风险挑战增多，世界经济复苏形势更加严峻复杂的情况下取得的增长，展现出区域发展的韧性和底蕴，也折射出《区域全面经济伙伴关系协定》生效后对区域产业链供应链的正面作用。

2022 年 5 月 13 日，东盟副秘书长辛格撰文指出，《区域全面经济伙伴关系协定》使东盟、中国以及其他亚太国家的经济融合程度进一步加深。他认为，东盟同中国可采取一系列措施，共同推动《区域全面经济伙伴关系协定》框架下更广泛的区域经济一体化建设，建立更紧密、更强大的区域价值链体系，升级东盟—中国自由贸易协定，解决阻碍双方加强物理和数字联系的基础设施短板，借此提升彼此经济伙伴关系，帮助整个地区加强供应链网络。

作为《区域全面经济伙伴关系协定》的重要内容，原产地累积规则可以让更多成员国出口享受优惠关税待遇。有分析认为，原产地累积规则将吸引企业在《区域全面经济伙伴关系协定》区域内进行中间品生产，"加上《区域全面经济伙伴关系协定》内中国工业门类齐全、中日韩产业链完整，中国—东盟产业循环畅通，《区域全面经济伙伴关系协定》生效将重塑和巩固区域内的产业链供应链"。

当然也要看到，由于《区域全面经济伙伴关系协定》减少区域内各种关税和非关税壁垒，再叠加大国博弈和疫情影响，《区域全面经济伙伴关系协定》在重塑和巩固区域产业链供应链之际，也会出现产业转移效应。对此有分析指出，产业转移有其自身规律，势必向产业集聚度高、综合成本低、创新能力强、营商环境好的地方转移。产业链供应链的稳定顺畅，还要确保各个环节的合理稳定利益。

因此，只有真正保持经济向好发展势头，才能稳定和留住产业链供应链。

（作者系经济日报社国际部连俊；该文原载于 2022 年 5 月 17 日《经济日报》）

以高水平对外开放稳住外贸外资基本盘

2022 年 4 月召开的中共中央政治局会议在分析研究当前经济形势和经济工作时指出，要坚持扩大高水平对外开放，积极回应外资企业来华营商便利等诉求，稳住外贸外资基本盘。

面对错综复杂的国内外经济形势，2022 年外贸外资工作开局总体良好，顶住压力实现了"开门稳"。一季度，我国外贸进出口总额达 9.42 万亿元，同比增长 10.7%；全国实际使用外资 3798.7 亿元，同比增长 25.6%；按美元计为 590.9 亿美元，同比增长 31.7%。这既充分反映出我国外贸外资强劲的发展韧性，也为实现全年预期目标打下了较好基础。

不过，也要清醒地看到，当前稳住外贸外资基本盘的环境更趋复杂严峻，面临诸多风险挑战，尤其是全球经济复苏不均衡，主要发达经济体货币政策变动对全球负面外溢效应显现，供应链瓶颈难以彻底缓解等问题持续存在。

因此，要确保全年外贸运行在合理区间，必须抓好已出台稳外贸政策落地见效，研究切实有效的新政策，并坚持扩大高水平对外开放，积极回应外资企业来华营商便利等诉求，让各国企业在开放的中国大市场中能获得良好的发展机遇、拥有可期的成长空间。

稳外贸，应继续狠抓各项政策落实，尽快让企业享受到政策红利。同时，加强监测预警，建立大数据监测预测预警平台，及时研判新形势，储备新政策。要持续推进外贸创新发展，培育增强外贸竞争新优势。做好新一批跨境电商综试区扩围工作，不断完善海外智慧物流平台，建设离岸贸易中心城市，着力提升贸易数字化水平，打造一批全球贸易数字化领航区。要全力保障产业链供应链稳定畅通，提升强度和韧性。要持续推进外贸转型升级基地高质量发展，支持加工贸易创新发展，培育新一批边民互市贸易落地加工试点，深入推进内外贸一体化，培育贸易双循环企业，持续推动国际物流、结算畅通，提升贸易便利化水平。此外，要帮助外贸企业开拓市场，提高全球贸易合作水平。

稳外资，应进一步扩大高水平对外开放。修订扩大《鼓励外商投资产业目录》，引导外资更多投向先进制造、现代服务、高新技术、节能环保、绿色低碳、数字经济等新兴领域和中西部地区。推动开放平台建设，发挥营商环境和制度型开放优势，吸引更多外资项目落地。加强外资企业和项目服务保障。优化外商投资环境，全面清理与外商投资法及其实施条例不符的规定，落实外资企业公平待遇。充分发挥外资企业投诉工作机制作用，加大外商投资合法权益保护力度，稳定外国投资者对华投资预期和信心。

我国外贸产业基础雄厚，长期向好的基本面没有改变，综合引资优势仍然突出，开放的中国大市场，必将为各国企业发展提供更多机遇。

（作者系经济日报社产经新闻部冯其予；该文原载于2022年5月8日《经济日报》）

跨境结算要更好服务新业态

为落实《国务院办公厅关于加快发展外贸新业态新模式的意见》，完善外贸新业态跨境人民币业务管理，支持银行和支付机构更好服务外贸新业态发展，2022年6月16日，中国人民银行发布《关于支持外贸新业态跨境人民币结算的通知》。

新业态新模式是我国外贸发展的有生力量，也是国际贸易发展的重要趋势，跨境电商、市场采购、外贸综合服务企业、保税维修、离岸贸易、海外仓等蓬勃发展。根据相关统计，跨境电商规模5年增长近10倍，市场采购贸易规模6年增长5倍，外贸综合服务企业超1500家。

外贸新业态规模的快速增长，凸显出完善配套金融设施的紧迫性，人民币跨境收付更是绕不开的话题。在"外贸新业态新模式发展的体制机制和政策体系更为完善，营商环境更为优化"的目标下，有必要不断探索优化外贸新业态跨境人民币业务相关政策，进一步服务实体经济、促进贸易投资便利化。

"扩围"跨境人民币结算支付机构是其中的一大亮点。《通知》将支持境内银行和非银行支付机构、具有合法资质的清算机构合作，为外贸新业态市场交易主体和个人提供经常项下跨境人民币结算服务，加大对外贸新业态跨境人民币结算需求的支持力度。比如，提出"境内银行可与依法取得互联网支付业务许可的非银行支付机构、具有合法资质的清算机构合作"。同时，还明确了支付机构的资质条件，包括"在境内注册并依法取得互联网支付业务许可""具有使用人民币进行跨境结算的真实跨境业务需求"等。

通过一系列规定，不仅更明确地规定了境内银行在跨境人民币业务上可以合作的机构，还拓展了非银行支付机构在跨境人民币支付业务上的服务范围。将支付机构业务办理范围由货物贸易、服务贸易拓宽至经常项下，鼓励银行和支付机构为外贸新业态市场主体提供高效、便捷跨境人民币收付服务，支持海外务工人员通过支付机构办理薪酬汇回等业务，这些举措将为外贸新业态跨境人民币结算提供有力保障。

在鼓励业务创新的同时，也要守住风险底线。《通知》一方面明确了银行、支付机构等相关业务主体的展业和备案要求，另一方面明确提出业务真实性审核、"三反"和数据报送等要求，压实银行与支付机构展业责任，防控业务风险。值得注意的是，境内银行和支付机构提供跨境人民币结算服务时，应依法履行反洗钱、反恐怖融资、反逃税义务，遵守打击跨境赌博、电信网络诈骗及非法从事非银行支付机构业务等相关规定。开好"前门"的同时，要把好"后门"，切切实实满足市场主体合理合法的跨境金融需求，便利相关业务开展和人员的工作和生活。

（作者系经济日报社财金新闻部姚进；该文原载于 2022 年 1 月 13 日《经济日报》）

（五）　**有效防范化解重大经济金融风险**

正确认识和把握资本治理的战略要点

习近平总书记在主持中共中央政治局第三十八次集体学习时强调，资本是社会主义市场经济的重要生产要素，在社会主义市场经济条件下规范和引导资本发展，既是一个重大经济问题、也是一个重大政治问题，既是一个重大实践问题、也是一个重大理论问题，关系坚持社会主义基本经济制度，关系改革开放基本国策，关系高质量发展和共同富裕，关系国家安全和社会稳定。必须深化对新的时代条件下我国各类资本及其作用的认识，规范和引导资本健康发展，发挥其作为重要生产要素的积极作用。这是党领导经济工作的重要内容，也是习近平经济思想的重要组成部分。必须认识到，加强我国资本治理，要坚持党的领导，坚定走中国特色社会主义道路，充分发挥我国社会主义制度优越性。社会主义市场经济条件下的资本治理，要建立在正确认识和把握资本特性和行为规律的基础上，持续深化顶层设计，科学指导实践，精准把握战略要点。

一、坚持"两个毫不动摇"，保护各类资本平等发展

回望历史，我们坚持马克思主义基本原理，充分结合我国国情和不同阶段经济发展特点，不断推进马克思主义中国化时代化，深化对资本特性和行为规律的理解，积极明确不同资本的定位，探索规范和引导资本健康发展的方针政策。党的十八大以来，以习近平同志为核心的党中央坚持和完善社会主义基本经济制度，将"毫不动摇巩固和发展公有制经济，毫不动摇鼓励、

支持、引导非公有制经济发展"作为党和国家的大政方针，写入新时代坚持和发展中国特色社会主义的基本方略，确保各类所有制企业、内外资企业一律平等发展、公平竞争。

长期以来，我们始终坚持"两个毫不动摇"，全面深化改革，探索公有制多种实现形式，激发各类市场主体活力，营造各种所有制主体依法平等使用资源要素、公开公平公正参与竞争、同等受到法律保护的市场环境，使各类资本机会平等、公平进入、有序竞争。这些举措有利于正确处理不同形态资本之间的关系，更好发挥各类资本优势，让一切创造社会财富的源泉充分涌流。

无论哪类资本，其发展和治理都需要明确划定规范的边界，防范"无序"的隐患，坚持良性发展、共同发展，这是保护各类资本平等共赢发展的基础。"公有制为主体"，就是要做强做优做大国有资本，发挥其对其他所有制经济的引导作用，使之始终服从和服务于人民和国家利益，形成更加坚实稳定的经济社会发展基础。"多种所有制经济共同发展"，则要求我们大力发挥非公有资本改革创新、转型升级、健康发展的能动性和灵活性。要健全产权保护制度，注意保护企业家的私有产权，营造激励企业家干事创业的浓厚氛围，让企业家能够安心创新创业创造。同时，不断完善开放型经济体制，推动外商投资便利化，坚持"引进来"与"走出去"相结合，以优质市场环境吸引更多国际资本在我国投资兴业，不断提高对外开放水平。

二、强化制度性安排，健全全链条资本治理体系

习近平总书记强调："在社会主义条件下发展市场经济，是我们党的一个伟大创举。我国经济发展获得巨大成功的一个关键因素，就是我们既发挥了市场经济的长处，又发挥了社会主义制度的优越性。"[1] 充分发挥我国社会

---

① 习近平：《论把握新发展阶段、贯彻新发展理念、构建新发展格局》，中央文献出版社2021 年版，第 64 页。

主义制度的优越性，总结经验、把握规律、探索创新，构建有活力、有创新力的资本治理制度环境，完善资本治理的制度性安排，全面提升资本治理的针对性、科学性、有效性，是健全全链条资本治理体系的题中应有之义。

一是坚持和完善按劳分配为主体、多种分配方式并存的分配制度。我国社会主义的国家性质决定了我们必须坚持按劳分配为主体、多种分配方式并存，在社会分配中体现人民至上，这是走向共同富裕、保证发展成果由人民共享的必由之路。正确处理资本和利益分配问题，必须坚持发展为了人民、发展依靠人民、发展成果由人民共享，维护按劳分配的主体地位，注重经济发展的普惠性和初次分配的公平性，保障资本从参与社会分配的过程中获得增殖和发展，同时在治理过程中回应人民关切、解决群众难题。

二是健全资本市场发展的基础性制度。习近平总书记强调，要健全市场准入制度、公平竞争审查制度、公平竞争监管制度。在这一过程中，要严把资本市场入口关，完善市场准入制度，提升市场准入清单的科学性和精准性，合理设立"红绿灯"，并建立动态调整和风险预警机制；着眼于维护市场公平竞争秩序，完善资本行为制度规则，强化反垄断和反不正当竞争监管执法；深入推进公平竞争政策实施，着力清除市场壁垒，打破行业垄断和地方保护，维护各类市场主体合法权益，提高资源配置效率和公平性；结合新产业新业态新模式的发展状况、经营特点和运行规律，健全资本发展的法律制度，及时弥补规则漏洞和空白，规范和引导资本健康发展。

三是深化监管体制机制改革。在资本治理过程中，要系统推进依法监管、公正监管、源头监管、精准监管、科学监管，按照"谁审批、谁监管，谁主管、谁监管"的原则落实各环节主体责任和属地责任，从事前引导、事中防范、事后监管全链条提升资本治理效能，健全综合监管协同联动机制，提高资本监管能力和监管体系现代化水平。

四是加强资本领域反腐败制度和信用体系建设。要加强资本领域反腐败，保持反腐败高压态势，坚决打击以权力为依托的资本逐利行为，着力查处资本无序扩张、平台垄断等背后的腐败行为。推动社会信用体系建设，培育社会层面的诚信文化，提升经营者合规的主观能动性，让监管执法有力度更有温度。

三、遵循高质量发展要求，发挥资本积极作用

资本是社会主义市场经济的重要生产要素。改革开放 40 多年来，资本同土地、劳动力、技术、数据等生产要素共同为社会主义市场经济繁荣发展作出了历史性贡献，其发挥的积极作用必须给予充分肯定。

立足新发展阶段，我国依靠规模经济提高效率的传统生产方式面临严峻挑战，迫切需要紧密结合经济发展实际和阶段性特征，统筹发展和安全、效率和公平、活力和秩序、国内和国际，处理好经济发展和资本治理之间的关系，疏堵结合，发挥资本促进社会生产力发展的积极作用。

从推动高质量发展的战略高度出发，要发挥技术创新增加新型要素积累、提高要素配置效率的积极作用，提升资本发展质量。要紧紧围绕实现高水平科技自立自强的战略目标，形成资本治理与科技创新的良性互动，更好发挥资本在推动原始创新、解决关键领域"卡脖子"问题中的重要作用，着力引导资本投入数字经济、绿色经济等国家重点培育的行业领域，以产业数字化和数字产业化催生新产业、新业态、新模式，加速科技创新成果转化为现实生产力，推动数字经济、共享经济等走深走实，为加快建设科技强国、全面建成社会主义现代化强国作出更大贡献。

四、把握好治理节奏，稳住宏观经济大盘

稳定市场预期和宏观经济大盘与全面提升资本治理效能息息相关。我国经济发展面临需求收缩、供给冲击、预期转弱三重压力，资本治理必须兼顾"防风险"与"稳增长"，为宏观经济跨周期调控预留较大的政策回旋空间。这要求我们把握好资本治理节奏，结合阶段性特征推进资本治理，实施"阶

段性＋制度性"组合式资本治理，推动实现市场预期提振效果和跨周期政策调节效果的最大化。

当前，国民经济延续恢复态势，各方面稳增长的宏观政策持续发力，资本运行表现稳中向好，提振市场信心、全面提升资本治理效能具有良好基础。下一步要健全资本市场预期引导机制，增强资本治理的预见性和敏捷度，主动加强与市场沟通，强化政策发布解读和信息主动公开，优化舆情风险防控和处置机制，合理引导资本市场预期，为市场平稳运行营造良好环境，从而实现预期"稳"。要推动资本治理政策更好地和宏观经济政策相衔接，统筹用好产业政策等长期调整工具和市场政策等短期调控工具，通过结构性政策降低受疫情冲击影响较大的行业领域的成本和负担，全面提升资本治理的协调性、稳定性、可持续性，从而实现信心"振"。

（作者系中国宏观经济研究院张林山、李叶妍；该文原载于 2022 年 5 月 25 日《经济日报》）

发挥好机构投资者"压舱石"作用

2022年3月16日，国务院金融委专题会议强调，欢迎长期机构投资者增加持股比例。当日，证监会党委召开扩大会议传达学习会议精神时表示，将完善有利于长期机构投资者参与资本市场的制度机制，加大对公募基金等各类机构投资者的培育，鼓励长期投资、价值投资。

长期以来，A股市场个人投资者占比高，机构投资者占比较低。相对于机构投资者，个人投资者普遍存在专业能力有限、风险承受能力较弱等特点，容易出现盲目跟风、追涨杀跌、频繁交易等一系列非理性行为，从而形成羊群效应，加大市场暴涨暴跌的风险概率。

相比之下，机构投资者通常具有较为雄厚的资金实力，抗风险能力更强，更易实现长期投资，有助于降低市场波动性；同时，在投资管理上，机构投资者在投资决策运作、信息搜集分析、上市公司研究等方面具有专业优势，有利于贯彻价值投资理念，更好发挥股市价值发现功能，对上市公司进行理性定价；此外，机构投资者在促进金融创新、加强对上市公司监管方面也具有积极作用。

资本市场尤其是股市的长期稳定，必然需要机构投资者的积极参与。值得肯定的是，在我国资本市场持续深化改革的背景下，公募基金、社保基金、保险资金等机构投资者实现快速发展，机构投资者持股占A股流通市值比例总体呈上升趋势。中基协数据显示，截至2021年1月15日，境内专业机构持有A股流通市值占比18.44%，较2019年年末上升2.02个百分点。

但也要看到，与境外成熟市场相比，A股市场机构投资者持股比例仍有较大提升空间，加速培育各类机构投资者、提升中长期资金入市比例已成为稳定市场、增强市场信心的当务之急，更是推动我国资本市场实现高质量发展的必然要求。

一方面，要尽快完善资本市场的基础制度，形成中长期资金"愿意来、留得住"的市场环境。比如，监管层可以适当放宽机构资金入市比例和范围，为保险资金、企业年金、银行理财子公司等机构资金入市扫清制度阻碍；再比如，要继续把提高上市公司质量作为当前监管工作的重要内容，为市场提供更多优质标的，让各类机构投资者不仅可以"参与投"，还可以长期"拿得住"；此外，还可以继续优化上市公司分红机制，鼓励有条件的上市公司稳定、持续地分红，为机构投资者带来长期稳定的红利。

另一方面，要逐步引导市场形成长期投资、价值投资的良好氛围。各类机构投资者应加快完善长周期考核机制，优化对资金管理人的考核和评价体系，不以短期业绩论英雄，而把中长期收益水平作为重点考核指标。同时，监管层、机构投资者还要进一步加强投资者教育，积极传递长期投资、价值投资和理性投资理念，让个人投资者和机构投资者形成投资理念的统一认识，从而给机构投资者更多践行长期投资的机会和空间，真正推动短期交易性资金向长期配置力量转变，促进我国资本市场良性发展。

（作者系经济日报社财金新闻部马春阳；该文原载于2022年3月18日《经济日报》）

守住不发生系统性金融风险底线

中央经济工作会议强调，要正确认识和把握防范化解重大风险。要继续按照稳定大局、统筹协调、分类施策、精准拆弹的方针，抓好风险处置工作。2022年《政府工作报告》就此作出相关部署。

金融是国家重要的核心竞争力，金融安全是国家安全的重要组成部分。近年来，我国防范化解重大金融风险取得实质性进展。需要注意的是，虽然我国经济金融领域的风险总体可控，但隐患不容忽视。例如，产业资本过度进入金融行业，实际控制人违法违规经营金融企业，存在内部人控制；部分地方变相违规举债，债务负担抬升；个别大型房地产企业风险暴露，可能对金融市场造成一定的外溢影响。

祸几始作，当杜其萌。因此，必须坚持底线思维，持之以恒防范化解金融风险。

首先，要守住不发生系统性金融风险的底线，这是金融工作的永恒主题。要把主动防范化解系统性金融风险放在更加重要的位置，见微知著、抓早抓小、早识别、早预警、早发现、早处置。必要时，可探索建立金融业一体化风险处置机制，多方统筹协调，提高跨市场、跨行业风险应对能力。

其次，要加强金融法治建设，运用市场化、法治化方式，防范化解重点领域风险。以个别大型房企的风险化解为例，在坚持市场化、法治化的前提下，下一步应着力引导优质企业开展项目并购，推动房地产市场结构调整，助力高风险房企的资产、负债"双瘦身"。

再次，压实各方的风险处置责任。压实地方责任，扎实做好属地风险化解工作；压实金融监管责任，补齐监管制度短板、提高监管能力；压实企业自救主体责任，提升风险化解方案的可行性，稳妥有序推进。

最后，防范金融风险的根本举措，是回归服务实体经济本源，这也是金融的天职和宗旨。要重点做好以下工作：一是发挥货币政策工具的总量和结构双重功能，为实体经济提供更有力支持；二是扩大普惠金融覆盖面，引导资金更多流向重点领域和薄弱环节；三是推动金融机构降低实际贷款利率、减少收费，让广大市场主体切身感受到融资便利度提升、综合融资成本实实在在下降。

（作者系经济日报社财金新闻部郭子源；该文原载于2022年3月10日《经济日报》）

依法监管各类金融活动

金融事关发展全局，金融安全是国家安全的重要组成部分。党的二十大报告明确提出，依法将各类金融活动全部纳入监管，守住不发生系统性风险底线。日前，中国人民银行表示要及时分析研判经济金融运行苗头性趋势性变化，有力支持实体经济高质量发展。

近年来，随着混业经营逐步深入，金融风险的隐匿性、交叉性明显增强，其传导路径也发生了重大变化。一方面，金融业内部综合经营，在优化资源配置、降低成本的同时，也催生出复杂的交易结构和产品设计；另一方面，其他产业与金融业混合经营，一些互联网平台涉足金融业务，在推动科技创新、提升服务效率的同时，也暴露出诸多风险，如无牌经营、监管套利、侵害消费者权益等。

只有把各类金融风险的底数摸清楚，才能有效防范化解风险。将各类金融活动全部纳入监管，就是要看清风险全貌、阻断风险传导、实现监管全覆盖。近年来，我国金融工作的统筹协调进一步加强，宏观审慎政策框架和治理机制进一步健全，风险的防范化解工作也取得了新成果。接下来，应继续标本兼治，维护金融体系稳定。

要织密金融法网。依法将各类金融活动全部纳入监管，"依法"是前提。面对新情况、新问题，要及时研究、填补规则空白。近年来，为了规范平台企业的金融业务，我国持续健全金融法治，目前已针对第三方支付、个人征信、互联网存款、保险、证券、基金等领域出台了一系列法规文件。要补齐制度短板，避免出现"牛栏关猫"这种监管规则与市场乱象不对症的情况。

要管好"有照违章"。依法将各类金融活动全部纳入监管，"全部"是关键。为此，既要管"无证驾驶"，也要管"有照违章"。当前，尤其要关注金融控股公司的稳健经营问题。金融控股公司是金融资本、产业资本融合的产物，其参股控股的机构众多、业务复杂、关联性高，风险的隐匿性也更强。要抓住"规范关联交易"这个主要矛盾，严防利益输送、风险传染和监管套利。中国人民银行日前已经正式发布《金融控股公司关联交易管理办法》，各有关部门要加强协作，合力确保监管要求落地生效。

要提升监管能力。依法将各类金融活动全部纳入监管，"各类"是难点。要依靠智能化手段，借助数据分析实现"穿透式"监管。毋庸讳言，我国金融监管的科技水平尚存不足，因此必须加强监管科技力量建设。当务之急，是要建设监管大数据平台，开发智能化风险分析工具。与此同时，坚持抓早、抓小，增强风险监测的前瞻性、穿透性、全面性，力争让各类金融风险在"智能眼"的扫描下无处遁形。

（作者系经济日报社财金新闻部郭子源；该文原载于2023年2月26日《经济日报》）

强化金融稳定保障体系

设立金融稳定保障基金，既为重大风险处置提供充足的储备资金，也可以规范风险救助方式，运用市场化、法治化方式化解风险隐患。应进一步夯实金融稳健运行制度基础，提高监管有效性，补齐金融风险防范化解制度短板。

党的二十大报告提出，强化金融稳定保障体系，依法将各类金融活动全部纳入监管，守住不发生系统性风险底线。2022 年以来，中国人民银行会同有关部门加快推动建立金融稳定保障基金。目前，该保障基金基础框架初步建立，已有一定资金积累。

金融是现代经济的血脉，防范和化解金融风险是必须面对的课题。2022 年《政府工作报告》首次提出"设立金融稳定保障基金"，强调压实地方属地责任、部门监管责任和企业主体责任，加强风险预警、防控机制和能力建设，运用市场化、法治化方式化解风险隐患，牢牢守住不发生系统性风险的底线。

金融稳定保障基金定位于由中央掌握的应对重大金融风险的资金，资金来自金融机构等市场主体，与存款保险基金和相关行业保障基金双层运行、协同配合，共同维护金融稳定与安全。在重大金融风险处置中，金融机构、股东和实际控制人、地方政府、存款保险基金和相关行业保障基金等各方应依法依责充分投入相应资源。仍有缺口的，经批准按程序使用金融稳定保障基金。

设立金融稳定保障基金是许多国家处置问题金融机构的典型做法。例如，在美国，有序清算基金（OLF）由财政部设立，由美国联邦存款保险公司（FDIC）负责管理，用于支付 FDIC 在处置金融风险过程中产生的各项费用。该基金事前不累积资金，而是在需要处置风险时由 FDIC 向财政部发行债券募资。再如，欧洲金融稳定保障基金（EFSF）为维护欧洲金融稳定而设立，由欧元区成员国提供资金。该基金提供财政援助，帮助欧元区国家缓解经济困难。

近年来，我国持续推动健全金融稳定长效机制，有效应对复杂严峻的国内外形势和新冠疫情的冲击考验，维护了金融稳定发展大局，为金融业持续健康发展营造了安全稳定的良好环境。防范化解金融风险取得重要成果，包括果断处置高风险企业集团和高风险金融机构、有效压降影子银行风险、全面清理整顿金融秩序等。经过三年集中攻坚，一批紧迫性、全局性的突出风险点得到有效处置，金融脱实向虚、盲目扩张的局面得到根本扭转，金融风险整体收敛、总体可控。

与存款保险基金和相关行业保障基金等保障基金不同，金融稳定保障基金着眼于更广范围的金融风险防范和化解，聚焦系统性金融风险的处置。当前，经济金融领域面临的风险依然较大，海外市场的不确定因素明显增加，对我国金融安全提出更高要求。应对具有系统性隐患的重大金融风险，如果依赖公共资金兜底，一方面容易造成道德风险，形成监管松懈的竞争环境；另一方面也违背市场化和法治化原则，给地方财政和央行增加负担。

设立金融稳定保障基金，既为重大风险处置提供充足的储备资金，也可以减轻公共财政负担，规范风险救助方式，助力"市场化、法治化方式化解风险隐患"这一长期目标的实现。监管部门应进一步夯实金融稳健运行制度基础，不但要分类施策化解重点企业集团和金融机构风险，还要整体推动深化金融机构改革，完善公司治理结构。要不断提高监管有效性，持续强化金融业审慎监管和行为监管，加强消费者和投资者保护。坚持"治已病"和"治未病"相结合，健全金融风险预防、预警、处置、问责制度体系，补齐金融风险防范化解制度短板。

（作者系经济日报社财金新闻部姚进；该文原载于 2022 年 10 月 29 日《经济日报》）

织密织牢金融安全网

金融安全是国家经济安全的核心，防范化解金融风险需要坚实的法律基础。《中华人民共和国金融稳定法》即将出台，将为我国金融安全稳定提供基础性法律保障，是我国金融法治建设迈出的关键一步。

金融安全是国家经济安全的核心，防范化解金融风险是金融工作永恒的主题，防范化解金融风险需要坚实的法律基础。然而，此前我国缺少金融稳定的核心法律。伴随金融业分业监管模式，涉及金融稳定的制度体现在中国人民银行法、商业银行法、证券法、保险法等多部法律中，呈现分散化特征，缺乏整体设计和跨行业跨部门的统筹安排。一些重要问题仍然缺乏制度规范，已成为金融安全稳定的影响和制约因素。因此，当前有必要出台金融稳定法，加强金融稳定制度的顶层设计。

面对错综复杂的国内外经济金融形势，有必要制度先行、未雨绸缪。近年来，我国防范化解重大金融风险攻坚战取得重要阶段性成果，长期积累的风险点得到有效处置，金融风险整体收敛、总体可控，金融稳定基础更加牢靠，金融业总体平稳健康发展。然而，我国金融安全稳定仍然面临多重风险挑战。当前，国际政治经济格局深刻变化，全球经济复苏不稳定不平衡，各类金融风险多发高发。我国金融体系脆弱性仍然存在，金融风险呈现多样化、隐蔽化特征，跨行业、跨市场、跨境的传导风险不容忽视，需要高度重视、稳妥应对，牢牢守住不发生系统性金融风险的底线。

前期防范化解重大金融风险攻坚战的经验和举措也有必要上升为法律层面的长效制度。近年来，我国金融管理部门成功处置了包商银行、锦州银行等风险事件，积累了宝贵经验。不过，在处置过程中，仍然存在处置资金来源和使用顺序不够明确、市场化法治化处置手段不足、处置风险的工具不充分等问题。有必要及时总结相关工作机制和成熟做法，并针对金融风险防控工作中仍然存在的短板弱项，通过金融稳定法来进一步压实各方责任，加强风险防范和早期纠正，建立市场化法治化的处置机制，明确处置资金来源和使用安排，完善处置措施工具，强化责任追究，建立权威高效的金融风险处置机制，为下一阶段的金融风险防范化解工作提供坚实法治保障。

金融法治建设固根本、稳预期、利长远。防范化解金融风险事关国家安全、发展全局和人民财产安全，是实现高质量发展必须跨越的重大关口。金融稳定法着力构建全面维护金融稳定的四梁八柱，建立统筹全局、体系完备的金融稳定工作机制，补足风险处置制度短板。这将有力促进新时期我国金融风险防范化解工作的法治化常态化，织密织牢我国金融安全网，坚决守住不发生系统性金融风险的底线，促进经济和金融良性循环、健康发展。

（作者系经济日报社财金新闻部陈果静；该文原载于 2022 年 4 月 9 日《经济日报》）

依法规范和引导资本健康发展

"必须深化对新的时代条件下我国各类资本及其作用的认识，规范和引导资本健康发展，发挥其作为重要生产要素的积极作用。"习近平总书记在中共中央政治局第三十八次集体学习时发表的重要讲话，为在社会主义市场经济条件下规范和引导资本健康发展提供了根本遵循。

对于我国社会存在的各类资本及其作用，要历史地、发展地、辩证地认识和把握。改革开放 40 多年来，资本作为社会主义市场经济的重要生产要素，其积极作用必须充分肯定。在社会主义市场经济体制下，资本是带动各类生产要素集聚配置的重要纽带，是促进社会生产力发展的重要力量。40 多年来，资本同土地、劳动力、技术、数据等生产要素共同为社会主义市场经济繁荣发展作出了贡献。未来，仍然需要发挥资本促进科技进步、繁荣市场经济、便利人民生活、参与国际竞争的积极作用，使之始终服从和服务于人民和国家利益。

必须清醒地认识到，逐利是资本的本性，其追逐增值和扩张的动力不以人的意志为转移。如不加以规范和约束，就会给经济社会发展带来不可估量的危害。从历史上看，不少发达经济体在经济转轨过程中，特别是从资本绝对稀缺到相对富足的阶段，都曾尝过资本无序扩张带来的恶果。2008 年国际金融危机就是资本自由化的产物，资本扩张脱离了实体经济的发展，又反过来对实体经济造成了巨大的冲击。

因此，在社会主义市场经济条件下，如何扬长避短、趋利避害，发挥资本作为生产要素的积极作用，同时有效控制其消极作用，尤为关键。既要支持和引导资本规范健康发展，也要依法加强对资本的有效监管，防止资本野蛮生长。从国际经验看，建立健全规范资本发展的法律法规是世界各国普遍做法，越是市场经济和资本发达的经济体，其相关法律和监管就越健全，如此方能维护市场机制有效运转。

社会主义市场经济本质上是法治经济。规范和引导我国资本健康发展，必须坚持市场化法治化原则。要为资本设立"红绿灯"，健全资本发展的法律制度，形成框架完整、逻辑清晰、制度完备的规则体系。要以保护产权、维护契约、统一市场、平等交换、公平竞争、有效监管为导向，针对存在的突出问题，做好相关法律法规的立改废释。要严把资本市场入口关，完善市场准入制度，提升市场准入清单的科学性和精准性。要完善资本行为制度规则。要加强反垄断和反不正当竞争监管执法，依法打击滥用市场支配地位等垄断和不正当竞争行为。要培育文明健康、向上向善的诚信文化，教育引导资本主体践行社会主义核心价值观，讲信用信义、重社会责任，走人间正道。

规范发展方能行稳致远。依法规范和引导我国资本健康发展，是为了促进资本更持续、更长远的发展。要把思想和行动统一到党中央决策部署上来，全面提升资本治理效能，规范和引导资本健康发展，为全面建设社会主义现代化国家、实现中华民族伟大复兴贡献力量。

（作者系经济日报社财金新闻部陈果静；该文原载于2022年5月12日《经济日报》）

筑牢银行金融资产风险堤坝

近年来，我国商业银行资产结构发生较大变化，在风险分类实践中面临诸多新情况和新问题。例如，以往主要对商业银行信贷资产进行分类，而当前信贷资产在银行总资产的占比逐年下降，因此需要有新的分类办法，对所有承担信用风险的金融资产进行识别评估。

行业出现新变化，需要相应的监管办法及时跟上。银保监会、人民银行发布的《商业银行金融资产风险分类办法》（以下简称《办法》）正是在这一背景下出台的。《办法》将风险分类对象由贷款扩展至承担信用风险的全部金融资产，进一步厘清了金融资产五级分类与会计处理的关系，并明确已发生信用减值的资产为不良资产。

一直以来，完善的风险分类制度都是有效防控银行信用风险的前提和基础。1998 年，人民银行出台《贷款风险分类指导原则》，提出五级分类概念；2007 年，原银监会发布《贷款风险分类指引》，进一步明确五级分类监管要求。

此次《办法》在归纳总结原有监管办法和实践经验的基础上，将金融资产按照风险程度分为五类，分别为正常类、关注类、次级类、可疑类、损失类，后三类合称不良资产。根据新规，商业银行对投资的资产管理产品或资产证券化产品进行风险分类时，应穿透至基础资产，并按照基础资产风险状况进行风险分类。

这份被业内认为"最严"银行金融资产风险分类标准出台，无疑有利于推进商业银行做实金融资产风险分类，准确识别风险水平，也有利于监管机构全面掌握各类资产的信用风险并有针对性地加强信用风险防控，更好地促进商业银行稳健经营，提升服务实体经济水平。

商业银行作为我国金融业的中流砥柱，确保其稳健经营意义重大。银保监会统计数据显示，截至 2022 年年末，我国银行业金融机构总资产接近 380 万亿元。商业银行金融资产质量整体处于良好水平。与此同时，随着近年来金融技术突飞猛进，金融创新层出不穷，监管短板也日益凸显。目前，我国银行业监管相关法律法规不全面、不完善，制度建设相对滞后，不能很好适应金融业快速发展的实际需要。此次《办法》出台后，相关配套制度也需尽快推出，如银保监会研究的针对所有不良资产的风险缓释手段等。

守住金融安全是底线。"最严"的监管办法在执行过程中更不能打折扣。根据监管要求，商业银行应按照《办法》规定，在持续稳健经营前提下，制订科学合理的工作计划，全面排查金融资产风险分类管理中存在的问题，尽快整改到位。商业银行要按照新的监管要求，建立健全风险分类治理架构，完善风险分类管理制度，优化信息系统功能，加强监测分析和信息披露，切实提升风险分类管理水平。

（作者系经济日报社财金新闻部陆敏；该文原载于 2023 年 2 月 16 日《经济日报》）

精准拆解影子银行风险

防控金融风险是防范化解重大风险攻坚战的重头戏，当前已经取得重要阶段性成果。金融风险从发散逐步转为收敛，一批重大隐患被"精准拆弹"，高风险影子银行规模较历史峰值压降约 29 万亿元，金融秩序明显好转。

所谓影子银行，主要指非银行金融机构的信贷业务，是游离于银行监管体系之外、可能引发系统性风险和监管套利等问题的信用中介体系，包括各类相关机构和业务活动。具体包括，同业特定目的载体投资和同业理财、委托贷款、信托贷款、P2P 网络贷款等。

影子银行业务层层嵌套，部分资金投向不透明，监管部门难以有效控制实际杠杆率。个别银行在为企业提供融资时，借助影子银行，将短期资金提供给长期项目融资，增加了流动性风险。此外，影子银行业务还与一些违规信贷联系密切。个别银行将原本应该支持实体经济的信贷资金，通过影子银行"通道"，将"表内"信贷资金变成"表外"理财资金，为部分企业违规输入资金，积聚了金融风险。

影子银行的业务往往在多个市场、多种金融机构之间交叉运行，使得金融风险在不同市场和机构之间的传染性大大增加。高风险影子银行业务一旦失控，可能引发系统性风险。

近年来，监管部门把拆解影子银行风险作为重要工作，并将规范资管行业发展作为这项工作的重要抓手。经过持续整治，我国类信贷影子银行风险明显收敛，存量资产大幅度压降。有效遏制了资金脱实向虚，为稳定宏观经济大盘，发挥金融的逆周期调节作用，创造了政策空间。

虽然整治工作取得明显成效，但影子银行依然是当前金融工作中的潜在风险点，稍有不慎可能反弹回潮。应看到，影子银行部分产品结构复杂、杠杆水平高，隐藏风险依然较大。一些机构可能会打着金融创新的旗号，衍生出影子银行的新变种，值得高度警惕。

要加强类信贷影子银行风险监测，持续压降高风险影子银行业务。严禁多层嵌套、资金空转、脱实向虚、伪金融创新等行为。金融机构要认真落实资管新规，按时完成银行理财、信托等存量个案资管业务整改，防止再次通过交叉性金融产品无序加杠杆。监管部门应继续加强对各类影子银行业务的监测分析，做好有关应对预案，对一些跨市场、交叉性的新产品、新业务，要通过金融监管协调机制及时监管，防止出现监管空白和套利行为。

防范影子银行风险反弹，需对银行金融机构保持监管定力，督促银行等金融机构落实监管要求，切实规范整改影子银行和交叉金融业务，坚定不移推进理财业务转型，加强银行等金融机构的合规建设，更好地为实体经济服务。银行金融机构需要在服务实体经济中发挥作用，切莫为了小利迷失了金融本源。

（作者系经济日报社财金新闻部彭江；该文原载于 2022 年 9 月 15 日《经济日报》）

平台经济要适应常态化监管

2022 年 8 月，中共中央政治局召开会议提出，要推动平台经济规范健康持续发展，完成平台经济专项整改，对平台经济实施常态化监管。

2020 年以来，从"强化反垄断和防止资本无序扩张"到"促进平台经济健康发展"，政策重心随平台经济的状况改善同步调整。目前，平台经济营商环境持续优化，平台经济领域竞争秩序稳步向好。一方面，前期大部分违法违规案件已得到妥善处理，平台企业自身的合规性不断增强；另一方面，平台经济领域相关法律政策逐步细化，需在稳定市场主体预期的同时，依靠更加明晰的监管规则来引导和维护公平有序竞争的市场环境。

对平台企业而言，要进一步认识到合规经营的重要性，知道什么能干、什么不能干，并主动做到合规经营。平台企业要明确自身定位和使命，准确衡量其在经济社会中的作用。中共中央政治局会议提出推动平台经济规范健康持续发展，本身就传递出希望平台经济继续发挥稳经济、稳就业、服务民生作用的清晰信号。

监管部门对如何监管平台经济的认识也在逐步深入。一开始，把它视为新兴事物，采取了"包容审慎"的监管态度。随着平台经济不断发展，监管对平台经济发展规律、特点和阶段的认识也更加立体。理念上，逐渐由"包容审慎"向依法监管过渡；手段上，由事后惩戒为主转向事前事中事后全链条监管。

当前，平台经济监管进入了有法可依、有章可循的新阶段。2022 年年初，国家发展改革委等部门联合印发《关于推动平台经济规范健康持续发展的若干意见》。2022 年 6 月 24 日，《反垄断法》完成修订。同时，随着《国务院反垄断委员会关于平台经济领域的反垄断指南》《互联网平台分类分级指南》《互联网平台落实主体责任指南》等的出台，行政监管实现了有规可依。

有规可依，还要以规执纪。这就要提升监管能力和水平。当然，平台经济的常态化监管仍然要实现"边走边试、不断完善"的动态调整。平台经济创新性强、发展迅速，对于部分新业务形态，常态化监管需保持前瞻性，加强沟通，协同治理，鼓励平台企业大胆创新，发挥其优化资源配置、拓展消费市场、增加民众就业、驱动产业升级等方面的积极作用。

2021 年，我国主要上市平台企业营业收入总体保持增长态势，部分头部平台企业保持 50% 以上高速增长。《关于推动平台经济规范健康持续发展的若干意见》在加强技术创新、提升全球化发展水平、赋能经济转型发展等方面对平台经济提出了新要求，中共中央政治局会议提出要集中推出一批"绿灯"投资案例，说明平台经济发展政策具有稳定性和连续性，是要"在规范中发展，在发展中规范"，为推动高质量发展贡献力量。但平台经济能否实现更高水平发展，关键还在于平台企业能否释放创新的内生动力，将自身发展目标融入国家发展大局，这将是平台经济进入常态化监管后的一道必答题。

（作者系经济日报社综合新闻部余颖；该文原载于 2022 年 8 月 13 日《经济日报》）

提升小微企业汇率风险管理能力

　　汇改走过 7 个年头，面对人民币汇率双向波动这一"常态"，市场主体汇率风险管理意识正逐步增强。相关数据显示，2022 年上半年，企业利用远期期权等外汇衍生品管理汇率风险规模达到 7558 亿美元，同比增长 29%，外汇套保比率比 2021 年上升 4.1 个百分点，达到 26%；新增汇率避险"首办户"企业将近 1.7 万家，其中绝大多数是中小微企业，特别是小微企业。

　　应该说，这一变化是十分可喜的。前些年，有不少企业应对汇率波动较为被动，或只在汇率波动加剧时才重视汇率风险管理，呈现短期化、阶段性的特征；还有企业做套期保值由老板说了算，汇率风险管理的随机性很大；甚至有企业存在"追涨杀跌"心态，希望利用外汇衍生品增厚收益或从事套利，偏离主业。这些"招数"或许在前些年汇率单边波动下管用，但在汇率双向波动、弹性增强的当下，显然不灵了。

　　各种经验教训表明，"汇率风险中性"是企业应对汇率双向波动的必然选择。企业应该聚焦主业，建立起财务纪律，控制好货币错配和汇率敞口风险。要树立"风险中性"理念，不要赌人民币升值或贬值，久赌必输。同时，从长期稳健经营角度看，企业应该多关注外汇衍生品的积极作用。

　　近年来，监管部门花了不少心思帮助企业全面认识、科学管理汇率风险。2022 年 4 月，中国人民银行、国家外汇管理局联合发文鼓励有条件的地区强化政府、银行和企业间的合作，探索完善汇率避险成本分摊机制，扩大政府性融资担保体系，为企业提供贸易融资和汇率避险业务方面的担保，指导中国外汇交易中心免收中小微企业外汇衍生品交易相关的银行间外汇市场交易手续费。2022年5月，国家外汇管理局发布了《关于进一步促进外汇市场服务实体经济有关措施的通知》，主要是创新外汇期权产品，推出了两类期权产品，扩大了合作办理人民币外汇衍生产品的业务范围，支持符合条件的中小金融机构更好地为中小微企业汇率避险服务。商务部、中国人民银行、国家外汇管理局还联合发文，要求各地用好外贸发展专项资金，为企业提供业务培训、信息服务等汇率避险方面的公共服务。

提升小微企业防范汇率风险的意识和能力，一直是监管部门和金融机构下功夫的"重头戏"。汇率风险对不同企业的影响存在明显差别，这与企业的生产经营模式、在涉外业务中的竞争力、是否采取有效的汇率避险措施等因素相关。一般来说，小微企业汇率风险管理基础较为薄弱，外汇套保比其他企业更少，也比其他企业更难，因此汇率风险承受力更低。为此，银行等金融机构应继续在降低门槛、优化渠道、配套激励等方面助力小微企业破解汇率风险管理难题。

小微企业自身也要克服"摇摆"心理。首先，要明白汇率是不可预测的，持币观望、择机操作的实质都是在赌汇率走势，可能会有一时的"收益"，但中长期看很难保证企业的经营利润不被汇率波动侵蚀。在当前人民币汇率双向波动的常态下，合理运用外汇衍生品进行套期保值，可以有效帮助企业锁定经营利润。

其次，要认识到关于套保"盈亏"的评价，不宜以锁汇价与即期价差作标准，这忽视了套保的实质。只要企业锁汇了，就锁定了成本或收益。这是企业稳健经营、可持续经营的保证。

再次，要保持稳定的套期保值策略，切不可因汇率短期涨跌或个人主观判断，贸然改变原本适合企业的套期保值策略，否则可能会陷入更大的风险中。只有长期坚持，才能帮助企业真正有效管理好汇率风险。

（作者系经济日报社财金新闻部姚进；该文原载于2022年8月11日《经济日报》）

稳杠杆　防风险　强大盘

积极的财政政策和稳健的货币政策要注重保持宏观杠杆率基本稳定，在稳增长和防风险之间找到平衡点。在货币政策方面，要坚持稳字当头，不搞"大水漫灌"。在财政政策方面，要保持一定力度，而且不搞"强刺激"，为应对更大的困难和挑战预留政策空间。同时，对债务管理要持续保持高度重视。

中国人民银行有关负责人表示，我国以相对较少的新增债务支持了经济的较快恢复，宏观杠杆率的增幅明显低于其他主要经济体，体现出我们不搞"大水漫灌"、不超发货币、不透支未来的宏观政策取向。

宏观杠杆率是一国非金融实体部门债务规模与国内生产总值（GDP）的比例，其高低代表着一国的总体债务水平。宏观杠杆率越高，意味着债务压力越大。同时，非金融实体部门包括居民、非金融企业与政府，各部门杠杆率代表其承受的债务压力。

新冠疫情发生后，一些国家实行超宽松的刺激政策，宏观杠杆率快速上升，有的甚至达到很高水平。一系列数据表明，从纵向来看，近年来我国宏观杠杆率增幅较小，而且较好支持了经济稳步恢复。从横向来看，我国宏观杠杆率的增幅明显低于其他主要经济体。可以说，我国宏观政策有力、有度、有效，以可控的债务增量稳住了经济基本盘。

把握宏观杠杆率的"度"至关重要。债务总需要在一定时间后偿还，如果杠杆率过高，实际上就是透支未来，而且容易积累金融风险。2022年的《政府工作报告》强调，保持货币供应量和社会融资规模增速与名义经济增速基本匹配，保持宏观杠杆率基本稳定。要抓住时间窗口，注重区间调控，既果断加大力度、稳经济政策应出尽出，又不超发货币、不透支未来，着力保市场主体保就业稳物价，稳住宏观经济大盘。这也意味着，积极的财政政策和稳健的货币政策在加大实施力度的同时，要注重保持宏观杠杆率基本稳定，在稳增长和防风险之间找到平衡点。

在货币政策方面，要坚持稳字当头，保持流动性合理充裕，增强信贷总量增长的稳定性，坚持不搞"大水漫灌"。同时，注重发挥好货币政策工具的总量和结构双重功能，落实好稳经济各项金融政策措施，提升金融体系服务实体经济的效率。一方面，继续发挥好总量功能，满足稳定宏观经济大盘的需要；另一方面，充分发挥结构性货币政策工具牵引带动作用，引导金融机构合理投放贷款，促进金融资源向重点领域、薄弱环节和受疫情影响严重的企业、行业倾斜，实现"精准滴灌"。

在财政政策方面，2022年赤字率控制在2.8%，比2021年有所下调，地方政府专项债券规模3.65万亿元。这些安排保持一定力度，而且不搞"强刺激"，在支持稳增长的同时增强财政可持续性，为应对更大的困难和挑战预留政策空间。当前，财政政策加大调节力度，不能随意提高债务水平，而主要体现在靠前安排、加快节奏、适时加力，在提升政策效能上下功夫，包括充分发挥大规模留抵退税政策红利、加快财政支出进度、加快专项债券发行使用并扩大支持范围等。

同时，对债务管理要持续保持高度重视，一方面要加强法定债务特别是专项债的管理，提高资金使用效益；另一方面，要加强重点风险防范和化解，坚决遏制新增地方政府隐性债务，有序化解存量隐性债务。

当前，国内稳经济政策措施效果显现，主要经济指标改善。与此同时，宏观政策不能松劲，既要加大力度、"应出尽出"，确保政策落地见效，也要保持宏观杠杆率基本稳定，推动经济持续恢复，稳住宏观经济大盘。

（作者系经济日报社财金新闻部曾金华；该文原载于2022年6月27日《经济日报》）

全面提升资本治理效能

"要全面提升资本治理效能。"习近平总书记在主持中共中央政治局第三十八次集体学习时强调，要总结经验、把握规律、探索创新，增强资本治理的针对性、科学性、有效性。

改革开放 40 多年来，我国经济持续快速发展，已经积聚起巨大的资本能量，存在国有资本、集体资本、民营资本、外国资本、混合资本等多种资本形态。规模显著增加、主体更加多元、运行速度加快，国际资本大量进入，资本已成为促进社会生产力发展的重要力量。

但也要看到，资本是一把"双刃剑"，既能创造价值，但其逐利本性也能导致无序扩张、野蛮生长，关键在于能否全面提升资本治理效能，正确而有效地引导资本行为。通过"兴其利、除其弊"，发挥资本的积极作用，约束其消极影响，引导资本更积极、更有效、更安全地服务于新时代中国特色社会主义市场经济。

为资本划定红线，是全面提升资本治理效能的关键一环。近年来，随着市场经济纵深发展，资本衍生出的负面效应不断显现，最具代表性的是互联网平台企业在资本助推下"赢者通吃"，挤压了中小企业生存空间，损害了公平竞争的市场环境。这说明，要提升资本治理效能，就需为资本设置"红绿灯"，健全资本发展的法律制度，形成框架完整、逻辑清晰、制度完备的规则体系，让各类资本明确规则底线、知晓行为边界。通过提供发展路径依据、强化预期引导，促进各类所有制经济公平竞争、合作共赢。

创新监管方式方法，增强资本治理的针对性、科学性和有效性，是全面提升资本治理效能的重要一步。市场经济瞬息万变，资本扩张"马不停蹄"，传统治理机制难以有效应对日益复杂的市场行为，亟须深化监管体制机制改革，不断探索创新、精准施策。比如，针对资本渗透性强、涉及领域广的特点，要完善行业治理和综合治理的分工协作机制，加强行业监管和金融监管、外资监管、竞争监管、安全监管等综合监管的协调联动，以对资本"闯红灯"行为进行及时高效精准的识别和响应。再比如，针对资本扩张越发隐蔽，风险突发性、传递性强的特点，要增强治理的预见性和敏捷度，精准把握可能带来系统性风险的重点领域和重点对象，发现风险早处置、早化解，牢牢掌握风险管控的主动权。

治理是为了更好发展，全面提升资本治理效能，绝不能片面理解为限制、打压甚至取缔资本。在具体的治理实践中，监管既不能缺位也不能越位，应以保护产权、维护契约、统一市场、平等交换、公平竞争、有效监管为导向，坚持依法监管、公正监管和科学监管，切实保障市场主体的合法权益，给予各种类型市场主体一致性待遇，并防止监管泛化或扩大化，让市场主体真切感受到监管有法、监管有度。

总而言之，无论是设立"红绿灯"，还是创新监管方式，抑或是加强属地监管，出发点都是为了营造各种所有制主体依法平等使用资源要素、公开公平公正参与竞争、同等受到法律保护的市场环境，根本目的都是为了让市场竞争更加充分，最大限度激发市场主体活力，最终落脚点都是为了促进我国经济繁荣发展，给人民群众带来实实在在的获得感。

（作者系经济日报社财金新闻部李华林；该文原载于2022年5月15日《经济日报》）

责任编辑：郑海燕　张　燕　孟　雪　李甜甜　张　蕾
封面设计：胡欣欣

图书在版编目（CIP）数据

深刻理解当前经济工作中的重大问题／经济日报社　编 . —北京：
　人民出版社，2023.7
ISBN 978－7－01－025787－7

I. ①深…　Ⅱ. ①经…　Ⅲ. ①中国经济－经济工作－研究　Ⅳ. ① F12

中国国家版本馆 CIP 数据核字（2023）第 116564 号

深刻理解当前经济工作中的重大问题

SHENKE LIJIE DANGQIAN JINGJI GONGZUO ZHONG DE ZHONGDA WENTI

经济日报社　编

人民出版社 出版发行
（100706　北京市东城区隆福寺街 99 号）

中煤（北京）印务有限公司印刷　新华书店经销

2023 年 7 月第 1 版　2023 年 7 月北京第 1 次印刷
开本：710 毫米 ×1000 毫米 1/16　印张：16.5
字数：253 千字

ISBN 978－7－01－025787－7　定价：69.00 元

邮购地址 100706　北京市东城区隆福寺街 99 号
人民东方图书销售中心　电话（010）65250042　65289539